B1

campus difusión

gente hoy 2

Complemento de español profesional

María Dolores Dorado Debeza
Calíope Dafne Márquez Sánchez
Esther Ramos Gómez
Francisco Javier Uclés Sánchez

gente hoy 2

Complemento de español profesional

Autores
María Dolores Dorado Debeza
Calíope Dafne Márquez Sánchez
Esther Ramos Gómez
Francisco Javier Uclés Sánchez

Revisión pedagógica
Sara Brock-Zucconi, Jaume Muntal

Coordinación editorial y redacción
Sara Brock-Zucconi

Diseño y dirección de arte
Ángel Viola, Juan Asensio, Grafica

Maquetación
Aleix Tormo

Corrección
Sílvia Jofresa

Imágenes
Cubierta Tifonimages/iStock, Tempura/iStock, Zephyr18/iStock, diegograndi/iStock
Unidad 1 p. 8 Morsa Images/iStock, Chris_Paris/iStock, ajr_images/iStock, SanneBerg/iStock; p. 9 Steppeua/iStock, denkcreative/iStock, sesame/iStock, aleksei-veprev/iStock; p. 12 nortonrsx/iStock; p. 14 FANDSrabutan/iStock, JakeOlimb/iStock, Vectorios2016/iStock, rambo182/iStock, NATALIIA OMELCHENKO/iStock; p. 15 Yuri_Arcurs/iStock;
Unidad 2 p. 16 ecologicomovil/Wikicommons, america-movil-logo/Wikicommons, grupoBancolombia/Wikicommons; p. 17 melia-intro/Wikicommons, mercado_libre; p. 18 CiydemImages/iStock, Ranta Images/iStock; p. 19 artisteer/iStock; p. 20 WheelieMonkey/iStock; p. 22 WheelieMonkey/iStock; p. 23 Tuncay GÜNDOĞDU/iStock, sanjeri/iStock;
Unidad 3 p. 24 CC Wikipedia, baranozdemir/iStock; p. 25 sumnersgraphicsinc/iStock, CLU/iStock; p. 26 gorodenkoff/iStock; p. 27 PepeLaguarda/iStock, FangXiaNuo/iStock, FluxFactory/iStock; p. 29 FERKHOVA/iStock, bubaone/iStock, etraveler/iStock, SurfUpVector/iStock, onikum/iStock, rambo182/iStock; p. 30 Portra/iStock, Prostock-Studio/iStock, Portra/iStock, Portra/iStock
CUADERNO DE EJERCICIOS Unidad 1 p. 32 PeopleImages/iStock, Jovanmandic/iStock, izusek/iStock, laflor/iStock, coffeestory/iStock, PeopleImages/iStock; p. 34 mrPliskin/iStock; p. 35 aurielaki/iStock; p. 37 IngenieroLoco_Wikipedia; p. 38 pishit/iStock, bodrumsurf/iStock, kosmozoo/iStock
Unidad 2 p. 40 piranka/iStock, g-stockstudio/iStock, simonkr/iStock, Diy13/iStock, JJFarquitectos/iStock, scanrail/iStock; p. 41 Enis Aksoy/iStock; p. 43 bortonia/iStock; p. 44 twinsterphoto/iStock; p. 45 pressureUA/iStock
Unidad 3 p. 48 vgajic/iStock, Tempura/iStock, Laurence Dutton/iStock, SolStock/iStock, Visivasnc/iStock, alex_so/iStock, ipopba/iStock, pixelfit/iStock; p. 49 hakule/iStock, gorodenkoff/iStock, ABIDAL/iStock; p. 50 ONYXprj/iStock; Tom Kelley Archive/iStock, Vasyl Dolmatov/iStock; p. 51 Beatriz-González_ted/iStock, Palinchak/Dreamstime; p. 54 subjug/iStock
FICHAS DE TRABAJO p. 58 artvea
CULTURA p. 63 rambo182/iStock, Tanya St/iStock, FANDSrabutan/iStock, lushik/iStock, VICTOR- 7iStock, Viacheslav Shafranov/iStock; p. 64 negoworks/iStock, rambo182 /iStock, Peacefully7/iStock; p. 65 PytyCzech/iStock, liangpv iStock; p. 66Remy genoud/iStock; Konoplytska/iStock; p. 67 29510554308_5029717f74_k_Flickr.jpg, olrat/iStock, 68 baona/iStock, PeskyMonkey/iStock, selensergen/iStock, SlavkoSereda/iStock; p. 70 mercosur.int/media/campanas/ MERCOSUR, mercosur.int/media/campanas/ MERCOSUR; p. 71 Wenny/iStock; p. 72 J2R/iStock
DELE A2 p. 77 Meinzahn/iStock, m-imagephotography/iStock, Valeriy_G/iStock; p. 78 51514053 © Fashionstock .com | Dreamstime.com; p. 79 Sinan Kocaslan/iStock, Zozulya/iStock, Firmafotografen/iStock, AndreaMPhoto/iStock, Tempura/iStock, Enes Evren/iStock, Turnervisual/iStock, Floortje/iStock, domin_domin/iStock; p. 80 simarik/iStock, urfinguss/iStock, PhotoMelon/iStock, xavierarnau/iStock, alberto clemares expósito/iStock, JoyTasa/iStock, KatarzynaBialasiewicz/iStock, luoman/iStock, DenBoma/iStock; p. 83 LSOphoto/iStock, laflor/iStock, Natee127/iStock, bernardbodo/iStock; p. 84 Tempura/iStock
DELE B1 p. 88 AleksandarNakic/iStock, MangoStar_Studio/iStock, Morsa Images/iStock, PeopleiPeopleimagesmages/iStock, Imgorthand/iStock, SDI Productions/iStock, urbazon/iStock; p. 90 BrasilNut1/iStock; p. 92 mevans/iStock, Roman Babakin/iStock, Medalhas_Rio_2016/Wikicommons; p. 96 agustavop/iStock; p. 98 piola666/iStock; p. 99 Francisco Javier Uclés-Sánchez, Saro17, Tera Vector; p. 100 stockdevil; p. 101 danefromspain; 102 fizkes

Vídeos
Unidad 1 © VEMO.TV Productora Audiovisual y Eloy Martínez; **Unidad 2** © Alicia Ro (aliciaro.com); **Unidad 3** © CLAVEI Expertos en Transformación Digital

Agradecimientos
Desde aquí queremos agradecer sinceramente las sugerencias del profesorado de la Fachhochschule des bfi Wien y de la Fachhochschule Kapfenberg.

FH University of Applied Sciences BFI Vienna
Economics Management Finance

FH | JOANNEUM
Industrial Management
Industriewirtschaft

Isabel Moro López, Calíope Dafne Márquez Sánchez, Teresa Martín Sánchez, Pedro Fernández Fanjul, Jacobo Barreiro Santa Cruz, Eva Díaz García, Aníbal Díaz Álvarez, Javier Uclés Córdoba, Inmaculada Uclés Córdoba, Sara Dorado Debeza, Mª José Dorado Debeza, Carlota Martínez Debeza y José Luis Romero Gómez

ISBN: 978-84-17260-73-6
Impreso en la UE

MIXTO
Papel procedente de fuentes responsables
FSC www.fsc.org FSC® C019520

gente hoy

Complemento de español profesional

PRESENTACIÓN DEL COMPLEMENTO DE ESPAÑOL PROFESIONAL DE GENTE HOY 2

Este **Complemento de español profesional de Gente hoy 2** está dirigido a jóvenes y adultos que trabajan o van a trabajar en un contexto en el que es necesario comunicarse en español. Estos alumnos pueden ejercer su actividad profesional en campos como la economía, el comercio, la ingeniería o el turismo, y pueden estar cursando sus estudios de español en universidades, escuelas de negocios, centros de formación profesional u otro tipo de institución.

Este cuaderno ha sido concebido como complemento al manual Gente hoy 2, pero se puede usar con otros materiales o incluso de manera autónoma.

Si el manual utilizado es Gente hoy 2, se sugiere trabajar la unidad 1 de este complemento después de cubrir las unidades 1 a 3 de Gente hoy 2; la 2 después de realizar las unidades 4 a 6; y la 3 después de trabajar las unidades 7 a 10.

Gente hoy 2	Complemento de español profesional
U1 Gente que se conoce U2 Gente que lo pasa bien U3 Gente de novela	U1 Gente que busca empleo
U4 Gente sana U5 Gente y cosas U6 Gente con ideas	U2 Gente de empresa
U7 Gente que opina U8 Gente con carácter U9 Gente y mensajes U10 Gente que sabe	U3 Gente sostenible y 4.0

Además de estas tres unidades, el Complemento de español profesional consta de un anexo de Cultura, un examen DELE A2 y un examen DELE B1.
¿Por qué un anexo de Cultura? Desde nuestra perspectiva, desenvolverse con éxito en el mundo profesional va más allá de conocer algunos contenidos lingüísticos específicos. Implica también tener un bagaje de conocimientos geográficos, económicos, históricos, etc. A su vez, hemos optado por introducir elementos interculturales en la comunicación con el objetivo de desarrollar una conciencia intercultural en el alumnado.

Este complemento incluye propuestas sobre temáticas como la digitalización y la sostenibilidad, dos de los grandes desafíos empresariales de nuestros días.

También hemos creído oportuno incluir una prueba de DELE A2 y de DELE B1, ya que los Diplomas de Español como Lengua Extranjera son títulos oficiales de reconocido prestigio que facilitan la promoción laboral y el acceso a la educación en España y Latinoamérica.

cómo funciona gente hoy

Complemento de español profesional

Estos iconos te informan sobre el tipo de trabajo que te propone la actividad: hablar con los compañeros, escuchar una grabación, tomar notas, elaborar una producción escrita o buscar en internet.

89-99

ENTRAR EN MATERIA

Estas páginas ofrecen un primer contacto con los temas y con el vocabulario de la unidad. Te anunciaremos cuál es la meta que nos hemos marcado para esta unidad y qué cosas vamos a aprender.

Normalmente se proponen pequeñas actividades de comprensión.

Se presentan los objetivos y los contenidos gramaticales de la unidad.

Aquí se anuncia el vídeo disponible para la unidad.

3
Vamos a diseñar y a presentar una App que fomente un estilo de vida sostenible.
Para ello, aprenderemos:
gente sostenible y 4.0
entrar en materia 3

Cómo trabajar con estas páginas

- La imagen te va a ayudar mucho a comprender los textos o el vocabulario.
- Tus conocimientos generales, de otras lenguas o, simplemente, del mundo también te van a ser útiles. Aprovéchalos.
- Cuando en las actividades tengas que hablar o escribir, podrás hacerlo con los recursos lingüísticos ya aprendidos en secciones anteriores.

EN CONTEXTO

Estas páginas presentan documentos con imágenes, textos escritos y textos orales similares a los que vas a encontrar en las situaciones reales. Sirven para ponerte en contacto con los contenidos de la unidad y para desarrollar tu capacidad de comprender.

Hay textos muy variados: conversaciones, anuncios, artículos de prensa, etc.

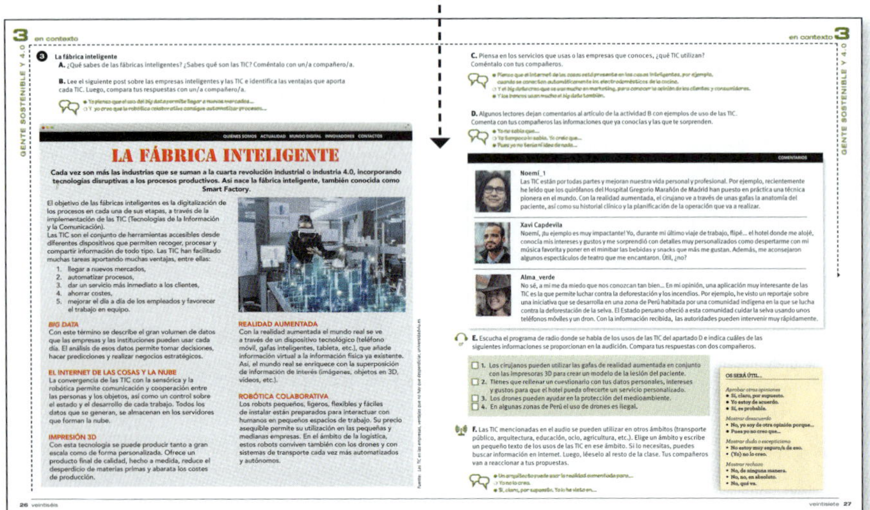
3 en contexto
LA FÁBRICA INTELIGENTE
en contexto 3

Cómo trabajar con estas páginas

- Desde el principio, vas a leer y a escuchar ejemplos auténticos del español de todos los días. No te preocupes si no lo entiendes absolutamente todo. No es necesario para realizar las actividades.
- Encontrarás nuevas estructuras y nuevos contenidos. Tranquilo, en las siguientes secciones vamos a profundizar en su uso.

FORMAS Y RECURSOS

En las actividades de estas páginas vamos a fijar la atención en algunos aspectos gramaticales, pensando siempre en cómo se usan y para qué sirven en la comunicación.

Todos los recursos lingüísticos que se practican los encontrarás agrupados en una columna central. Esta "chuleta" te ayudará a realizar las actividades y podrás consultarla siempre que lo necesites.

Cómo trabajar con estas páginas

- Muchas veces tendrás que trabajar con un/a compañero/a o con varios, y así practicarás de una forma interactiva.
- En otras ocasiones te proponemos actividades en las que deberás explorar la lengua, así como fijarte en sus estructuras y en sus mecanismos, para comprender mejor alguna regla determinada.

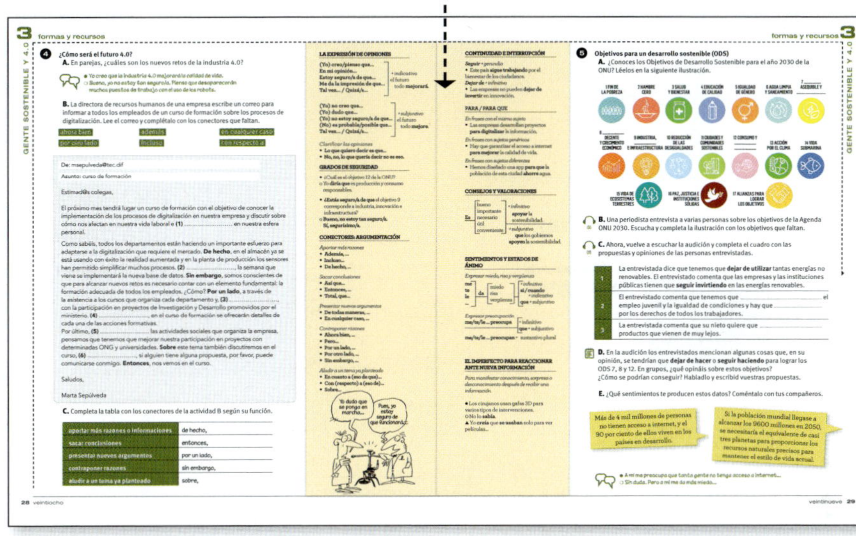

TAREAS

Aquí encontrarás tareas para realizar en cooperación, en pequeños grupos o con toda la clase. Son actividades que nos permitirán vivir en el aula situaciones de comunicación similares a las de la vida real.

En muchas ocasiones, la doble página aporta recursos prácticos para la presentación del resultado de la tarea o para su preparación en grupos. Estos recursos se recogen en el apartado "Os será útil".

Cómo trabajar con estas páginas

- Lo más importante es la fluidez y la eficacia comunicativa.
- En algunas ocasiones, pregunta al / a la profesor/a lo que necesites saber, o bien búscalo en el libro o en el diccionario, y discute con tus compañeros todo lo que consideres necesario para mejorar "el producto".

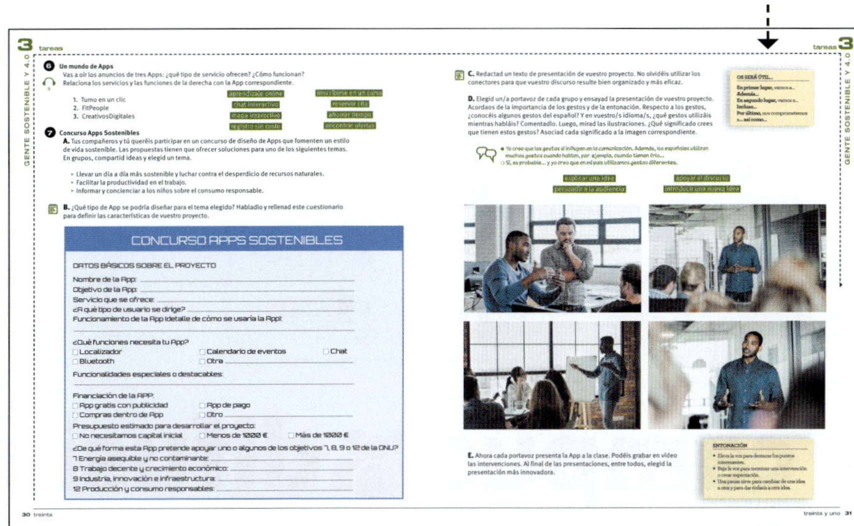

CUADERNO DE EJERCICIOS

Actividades para consolidar los conocimientos y las destrezas lingüísticas que se han desarrollado en las tres unidades. La mayoría de ellas están pensadas para realizarse individualmente.

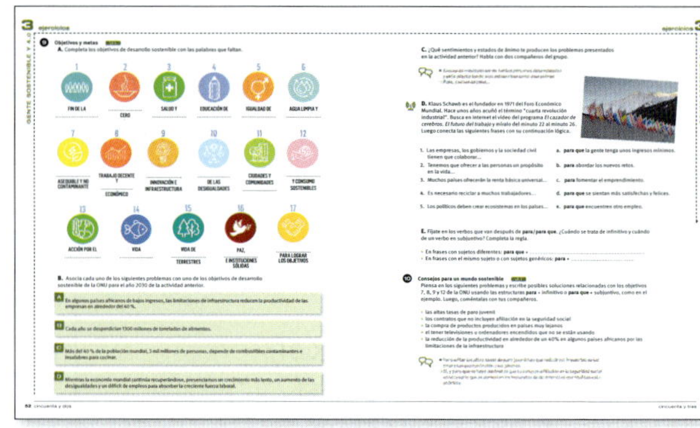

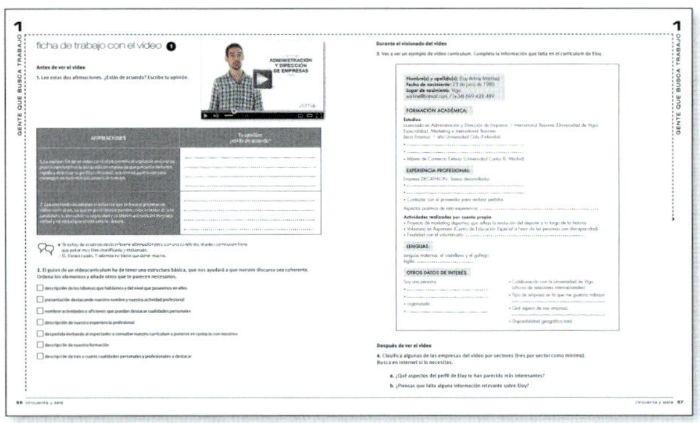

FICHAS DE TRABAJO CON LOS VÍDEOS

Una doble página de actividades para trabajar el vídeo de cada unidad.

ANEXO DE CULTURA

En estas páginas encontrarás información y propuestas de actividades para reflexionar sobre distintos aspectos relacionados con la cultura de los países hispanos: el mercado laboral, la presencia de los países hispanohablantes en organismos internacionales o algunas empresas sostenibles... Algunos textos te pueden parecer complejos, pero solo tienes que entenderlos.

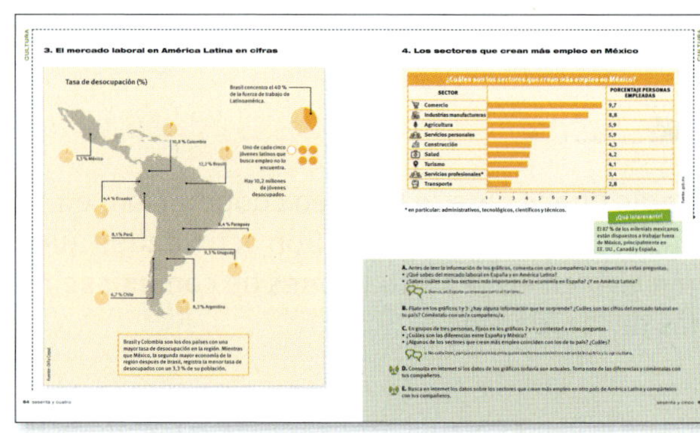

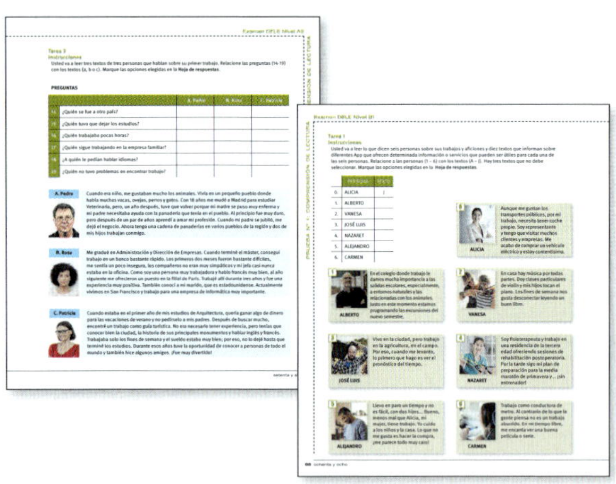

PRUEBA DEL DELE A2 Y B1

En estas páginas vas a encontrar un ejemplar de DELE A2 y de DELE B1 con las pruebas de comprensión de lectura, comprensión auditiva, expresión e interacción escritas y expresión e interacción orales. Verás el tiempo que dura tanto la prueba completa como cada una de sus tareas.

campus difusión

Vídeos
Audios
Glosarios
Transcripciones
Soluciones

1 gente que busca empleo p. 8

→ Después de cubrir las unidades 1, 2 y 3 de Gente hoy 2

Tarea: Preparar un videocurrículum y realizar una entrevista de trabajo.

Comunicación	Gramática	Léxico
Referirse a perfiles profesionales de diferentes candidatos y seleccionar anuncios de trabajo adecuados para ellos. Valorar perfiles profesionales para un determinado puesto de trabajo. Redactar un currículum vitae (CV) y una carta de presentación. Expresar gustos, opiniones y sentimientos. Expresar deseos de hacer algo. Relatar en pasado, informar sobre sucesos y circunstancias situando en el tiempo. Hablar sobre situaciones hipotéticas. Conciencia intercultural: adquirir los comportamientos culturales adecuados ante una entrevista de trabajo.	Verbos que expresan gustos, opiniones y sentimientos: **encantar, preocupar, dar miedo, poner nervioso/a, parecer bien/mal, caer bien/mal, odiar, adorar...** Forma y usos del pretérito pluscuamperfecto. Conectores temporales: **en aquel momento, en aquella época, unos meses antes, los años anteriores, en aquel momento, enseguida, inmediatamente, al cabo de...** Usos del pretérito indefinido, del imperfecto y del pluscuamperfecto. Condicional: verbos regulares e irregulares más frecuentes.	Expresiones de los anuncios de trabajo. Expresiones de correos electrónicos o cartas de solicitud de empleo. Expresiones propias de un CV. Expresiones propias de las entrevistas de trabajo. Valoración de candidatos para un puesto de trabajo. Tipos de contratos.

2 gente de empresa p. 16

→ Después de cubrir las unidades 4, 5 y 6 de Gente hoy 2

Tarea: Presentar una nueva empresa en una feria internacional.

Comunicación	Gramática	Léxico
Describir empresas en función de diferentes criterios. Expresar deseos sobre el futuro laboral. Valorar y dar consejos relacionados con la creación de una startup. Hablar sobre las razones para asistir a una feria y sobre la preparación del stand de la empresa. Describir productos o servicios de una empresa. Conciencia intercultural: adquirir habilidades y destrezas en las presentaciones en un contexto cultural español.	Los imperativos afirmativos y negativos. Presente de subjuntivo: verbos regulares e irregulares más frecuentes. **Querer/desear** + infinitivo y subjuntivo. Futuro de indicativo: formas regulares e irregulares. **Se** en combinación con **lo/la/los/las**. **Se** impersonal. **Sirve para... / se usa para... / lo usan...** **Va / Funciona con...** Relacionar ideas: **sin embargo, a pesar de que, ya que...**	Clasificación de empresas en función de diferentes criterios. Descripción de productos. Objetos del estand de una empresa en una feria. Tipos de soportes publicitarios. Partes de la presentación de una empresa.

3 gente 4.0 y sostenible p. 24

→ Después de cubrir las unidades 7, 8, 9 y 10 de Gente hoy 2

Tarea: Diseñar y presentar una App que fomente un estilo de vida sostenible.

Comunicación	Gramática	Léxico
Hablar de las revoluciones industriales. Hablar sobre los perfiles profesionales necesarios para la industria 4.0. Argumentar sobre las ventajas y los inconvenientes de la fábrica inteligente. Expresar diferentes grados de seguridad. Expresar sentimientos, estados de ánimo y opiniones sobre las implicaciones futuras de los Objetivos de Desarrollo Sostenible (ODS) de la ONU. Expresar sentimientos y estados de ánimo. Reaccionar ante nueva información. Conciencia intercultural: gestualidad, recursos entonativos para presentar ideas y dar énfasis.	Expresar opiniones con **creo que / estoy seguro/a de que... / tal vez...** + indicativo. **No creo que/ tal vez...** + subjuntivo. Expresar diferentes grados de seguridad: **yo diría que... / debe de** + infinitivo. Conectores para la argumentación: **así que, de todas maneras, sin embargo...** Perífrasis verbales **dejar de** + infinitivo y **seguir** + gerundio. Expresar objetivos con **para** + infinitivo o **para que** + presente de subjuntivo. Expresar sentimientos y estados de ánimo: **dar miedo, dar risa, preocupar...** El imperfecto para reaccionar ante información nueva. **Es bueno...** + infinitivo / **que** + subjuntivo	Características y avances de las cuatro revoluciones industriales. Profesiones de la industria 4.0. Elementos de la fábrica inteligente. Digitalización en la vida cotidiana. Sentimientos y estados de ánimo. Desarrollo sostenible, agricultura, educación.

Vamos a preparar un videocurrículum y a realizar una entrevista de trabajo.

Para ello, aprenderemos:

- a referirnos a perfiles profesionales de diferentes candidatos y a seleccionar anuncios de trabajo adecuados para ellos,
- a valorar a candidatos para un determinado puesto de trabajo,
- a hablar sobre nuestro perfil profesional, así como a redactar un currículum y una carta de presentación,
- a expresar gustos y preferencias sobre diferentes candidatos,
- a leer y escuchar textos en forma de relato
- a referirnos al pasado, informando sobre sucesos y sobre circunstancias,
- a situar un suceso en el tiempo,
- el contraste entre el indefinido, el perfecto, el imperfecto y el pluscuamperfecto,
- forma y usos del pretérito pluscuamperfecto,
- el condicional y algunos de sus usos,
- a adquirir los comportamientos culturales adecuados ante una entrevista de trabajo.

1

Juan Fernández Renard
Edad: 26 años.
Estudios: Grado en Dirección y Administración de Empresas y Máster en Dirección Comercial y Ventas.
Experiencia: 2 años en un Departamento Comercial.
Lenguas: francés y español (lenguas maternas), inglés (nivel C1) y neerlandés (nivel B1) .
Expectativas: contrato a jornada completa.

2

Lucía Díaz Dorado
Edad: 31 años.
Estudios: Grado en Relaciones Públicas.
Experiencia: becaria (6 meses) en la Unión Europea en el Depto. de Comunicación, 4 años en el Depto. de Relaciones Públicas de una ONG.
Lenguas: español (lengua materna), inglés (nivel alto) y francés.
Expectativas: crecimiento profesional en una empresa internacional.

3

Mohammed Asad Maalouf
Edad: 28 años.
Estudios: Grado en Industria Digital.
Experiencia: 4 años en el Departamento de I+D de una empresa del sector de transportes.
Lenguas: árabe y español (lenguas maternas) e inglés.
Expectativas: mejora de la categoría laboral (y el sueldo) en empresas con implementación de nuevas tecnologías.

4

Edurne Extebarría Ulloa
Edad: 21 años.
Estudios: Grado en Turismo.
Experiencia: prácticas en recepciones de hoteles.
Lenguas: vasco y español (lenguas maternas), inglés y alemán (nivel alto).
Expectativas: contrato indefinido en el sector hotelero.

gente que busca empleo

1 Buscando un puesto de trabajo

A. Estas cuatro personas están buscando un puesto de trabajo. Lee sus perfiles y comenta con un/a compañero/a si hay un perfil o unas características similares a las tuyas.

- Yo, como Juan Fernández Renard, también estudio/he estudiado Dirección y Administración de Empresas.
- Yo, como Edurne, he hecho prácticas en un hotel y tengo un nivel alto de alemán...

B. Lee las siguientes ofertas de trabajo: ¿cuál crees que es la más adecuada para las personas de la actividad A? ¿Por qué? Coméntalo con un/a compañero/a.

- Pienso que la oferta de trabajo A es adecuada para Lucía porque...
- Sí, y la oferta B creo que es ideal para... porque...

A

Responsable del Departamento de Comunicación para nuevos proyectos en los países en desarrollo.
Requisitos: persona dinámica y activa, con conocimientos en redes sociales y con capacidad para liderar equipos y organizar eventos, así como para escribir artículos y notas de prensa, con Grado en Publicidad y Relaciones Públicas, con experiencia de 3 años en puesto similar del ámbito social, con nivel de inglés C2 y con conocimientos de otras lenguas (francés y árabe especialmente).
Oferta: contrato indefinido con jornada completa para llevar un equipo de 5 personas, sueldo de entre 30 000 y 35 000 euros brutos anuales. Enviar CV y carta de presentación a personal@me.es.

B

Empresa líder en el sector turístico necesita personal con nivel alto de inglés en Orense (Galicia).
Se requiere: título de Formación Profesional de Grado Medio de Hostelería y Turismo, nivel alto de español e inglés (se valoran otros idiomas).
Se ofrece: contrato temporal con jornada a tiempo parcial para realizar labores de marketing, recepción y reservas turísticas en hoteles. Posibilidad de desarrollo y crecimiento en el sector. Enviar CV y carta de presentación a rrhh@turismo.es.

C

Consultor TI para empresa líder en servicios de Consultoría, TIC e Ingeniería con sede en Valencia.
Requisitos: Grado en Ingeniería con conocimientos en transformación digital de la empresa, en logística y compras, con al menos 5 años de experiencia, con un nivel intermedio-alto de inglés.
Oferta: dirección de proyectos, incorporación a multinacional en continuo crecimiento y expansión, contrato indefinido a jornada completa y con sueldo de entre 45 000 y 50 000 euros brutos anuales. Enviar currículum y carta de presentación a personal@digital.es.

D

Ecomoto, empresa dedicada al diseño y fabricación de motocicletas eléctricas, busca para su sede en Barcelona un Especialista en Ventas.
Se requiere: persona con habilidades comunicativas, iniciativa y capacidad de trabajo en equipo, con Máster en Ciencias Empresariales o Dirección y Administración de Empresas, con experiencia mínima de 1 año en Departamento Comercial, conocimientos excelentes de inglés (se valorarán también italiano y francés).
Se ofrece: contrato a jornada completa, primero de seis meses y después indefinido, horarios flexibles, sueldo a convenir. Enviar CV y carta de presentación a aruiz@ecomoto.es.

C. Completa la siguiente tabla con los datos de los anuncios.

PUESTO	RESPONSABLE DEL DEPTO. DE COMUNICACIÓN	PERSONAL CON FORMACIÓN EN TURISMO	CONSULTOR/CONSULTORA TI	ESPECIALISTA EN VENTAS
Titulación y lenguas		Formación Profesional de Grado Medio de Hostelería y Turismo	Grado en Ingeniería, nivel intermedio-alto de inglés	
Funciones / Tareas		Realizar labores de marketing, recepción y reservas turísticas		
Tipo de contrato y sueldo	Contrato indefinido con jornada completa y un sueldo de entre 30 000 y 35 000			Contrato a jornada completa, primero de seis meses y después indefinido

2 Currículum y carta de presentación

A. Juan Fernández Renard envía su currículum y una carta de presentación para solicitar el puesto de especialista en ventas del anuncio de Ecomoto (actividad 1.B). Lee ambos documentos y, luego, con un/a compañero/a contesta a las siguientes preguntas: ¿tiene posibilidades para obtener el puesto? ¿Por qué?

● *Pues yo creo que sí porque tiene los estudios y la experiencia profesional que se piden en el anuncio.*
○ *Sí. Además, es una persona...*

Juan Fernández Renard

DATOS DE CONTACTO
juanfernandezrenard@gmail.com
+34 649831022
Carrer de Lepant, 2
08002 Barcelona

Acerca de mí

Soy un joven ambicioso, sociable, honesto y trabajador. Me encanta el contacto con la gente y viajar con amigos. Juego al fútbol y al tenis en mi tiempo de ocio.

EXPERIENCIA PROFESIONAL

1/7/2018 - actualmente Cochemanía, Departamento Comercial. Sede de trabajo: Barcelona.
1/11/2016 - 1/1/2017 JD Moda y Calzado Deportivo, Venta y atención al cliente. Sede de trabajo: Ámsterdam.

FORMACIÓN ACADÉMICA

2018-2020 Máster en Dirección Comercial y Ventas, University of Westminster (*distance learning*).
2014-2018 Grado en Dirección y Administración de Empresas, Universitat de Barcelona.
2016-2017 Estudiante Erasmus, Universiteit van Amsterdam.

IDIOMAS

Español y francés: lenguas maternas.
Inglés: nivel C1 (Certificate in Advanced English, mayo de 2019).
Neerlandés: nivel B1.

PROGRAMAS INFORMÁTICOS

Excel	★★★★★
PowerPoint	★★★★☆
Word	★★★★☆
Photoshop	★★★☆☆

OTROS DATOS DE INTERÉS

Carnet de conducir clase B1, vehículo propio, disponibilidad para viajar.

Juan Fernández Renard
Carrer de Lepant, 2
08002 Barcelona
+34 649 831022
juanfernandezrenard@gmail.com

ECOMOTO, S. A.
Carrer de Mallorca, 5
08003 Barcelona
ecomoto@motocicletas.es

Barcelona, 20 de mayo de 2020

Solicitud de puesto de especialista en ventas

Estimada Sra. Alicia Ruiz:

Me dirijo a usted para expresarle mi deseo de incorporarme al equipo de Ventas. Como podrá comprobar en el currículum adjunto, confío en que mi trayectoria académica y mi experiencia profesional me permitan cumplir con los objetivos del puesto.

Soy licenciado en Dirección y Administración de Empresas y he acabado recientemente un Máster en Dirección Comercial y Ventas en la Universidad de Westminster (a distancia). Soy una persona trabajadora y ambiciosa, me encanta el contacto con la gente y trabajar en equipo. Crecí bilingüe francés y castellano y tengo un nivel alto en inglés y un nivel B1 de neerlandés.

Actualmente estoy trabajando en el Departamento Comercial de la empresa Cochemanía. En los últimos años, he desarrollado y adquirido las habilidades comunicativas y sociales necesarias en un profesional que se dedica a las ventas. Más datos sobre mi perfil se pueden leer en el CV que adjunto.

Antes de despedirme, me gustaría decirle que me interesa el sector en el que su empresa trabaja. Creo que los vehículos ecológicos tienen mucho futuro y el puesto que ofrecen me permitiría desarrollar mi carrera profesional en una dirección muy interesante e innovadora.

Quedo a su entera disposición para cualquier información adicional que necesiten.

En espera de sus noticias, le saludo muy atentamente,

Juan Fernández Renard

CV

B. Relaciona las siguientes palabras con el apartado correspondiente en la carta de presentación.

lugar y fecha | saludo | firma | despedida | asunto | anexo | emisor/a | cuerpo de la carta | destinatario/a

C. En grupos, responded a las siguientes preguntas: ¿la estructura del currículum y de la carta de presentación es similar a la que se utiliza en tu país? ¿Qué diferencias aprecias? ¿Es común en tu país incluir una fotografía o la fecha de nacimiento en el currículum? Tomad notas y luego haced una puesta en común.

D. Ahora, a partir de las plantillas anteriores, escribe tu currículum y una carta de presentación para una empresa en la que te gustaría trabajar.

3 Una entrevista de trabajo

01 **A.** La empresa Ecomoto invita a Juan Fernández Renard para una entrevista. Escucha y toma nota de las informaciones que la entrevistadora pide al candidato.

01 **B.** Vuelve a escuchar la entrevista junto con la transcripción. Luego, piensa en otras preguntas propias de una entrevista de trabajo. Escríbelas y compártelas con la clase.

Alicia: Buenas tardes. Soy Alicia Ruíz, la Responsable del Departamento de Recursos Humanos. Pase, por favor.
Juan: Buenas tardes. ¡Encantado de conocerle!
Alicia: Igualmente. Siéntese aquí, por favor.
Juan: Muchas gracias.
Alicia: Vamos a ver, he leído detenidamente su CV y su carta de solicitud, y la verdad es que me han gustado mucho. Aun así, tendría algunas preguntas para usted.
Juan: Sí, sí, claro, dígame.
Alicia: Me gustaría saber cómo han sido sus experiencias laborales hasta ahora. Primero, trabajó durante dos meses en una tienda de material deportivo en Ámsterdam. Hábleme, por favor, un poco de esta experiencia.
Juan: Por supuesto. Pues, había terminado mi año Erasmus en la Universidad de Ámsterdam y necesitaba dinero, además de que deseaba obtener experiencia laboral. En los meses anteriores había aprendido bastante neerlandés, también había mejorado mi inglés por el contacto que había tenido con los estudiantes Erasmus y pensé, venga, ¿por qué no? Entonces, vi un anuncio y fui a la entrevista.
Alicia: Pues, bien. Tiene iniciativa. ¿Qué funciones desempeñaba?
Juan: Bueno, trabajaba de 9 de la mañana a 6 de la tarde de lunes a viernes y tenía que atender a los clientes que tenían dudas sobre los productos del establecimiento. Como soy bastante deportista, pues podía aconsejarles bien. También había recibido previamente un curso de formación en la tienda, lo cual me ayudó, claro. Fue un trabajo de dos meses y la verdad es que me encantó. Me encantó el contacto con la gente, hablar de artículos deportivos, mejoré mi neerlandés y mi inglés, alguna vez hablé también francés. Fue una experiencia muy enriquecedora.
Alicia: Bien, suena todo muy bien. Vamos a hablar de su puesto de trabajo actual. Cuénteme, por favor.
Juan: Vamos a ver, el trabajo me gusta, mis funciones consisten en atender y asesorar a nuestros clientes y a los potenciales compradores, principalmente por teléfono o por correo electrónico. Además, tengo que preparar informes sobre las necesidades de los clientes para ayudar a la empresa a la hora de planificar modificaciones y mejoras en el producto. El trabajo me encanta, pero me interesa el mercado de los vehículos eléctricos. Vuestra empresa es innovadora, las motos eléctricas son una de las alternativas de transporte más sostenibles y me interesaría trabajar en esta dirección.
Alicia: Bueno, está muy bien tener empleados que se interesan por los objetivos ecológicos de la empresa. Juan, ¿cuáles son sus puntos débiles?
Juan: Vamos a ver... No me siento cómodo delegando tareas, quizá por un exceso de responsabilidad... pero me gustaría aprender a delegar de forma efectiva.
Alicia: Pues en esta empresa podría contar con un equipo muy eficiente para afrontar los desafíos y alcanzar los objetivos de la organización. ¿Tiene usted alguna pregunta que hacerme?
Juan: Sí, me gustaría tener más datos sobre el sueldo. ¿Podría darme más información al respecto?
Alicia: Sí, claro. En función de su formación y experiencia, podemos ofrecerle un sueldo base de 25 000 euros anuales en 14 pagas. Además, en función de las ventas, recibiría un bonus.
Juan: Bueno, ¡tengo talento para las ventas! Y ¿cuándo me podrían decir si me aceptan para el puesto?
Alicia: Todavía tengo que entrevistar a otras dos personas. Vamos a darle una respuesta la semana que viene.
Juan: Genial, gracias. Ha sido un placer conocerla.

EXPRESAR GUSTOS, OPINIONES Y SENTIMIENTOS

(a mí) OI — Me gusta — el **chico**. *n. singular* / trabajar. *infinitivo* — *sujeto*

(a mí) OI — Me gusta**n** — las **candidatas**. *n. plural* — *sujeto*

Verbos que funcionan como ***gustar***
me encanta/**n**
me interesa/**n** (mucho)
no me interesa/**n** (nada)
me apasiona/**n**
me preocupa/**n** (mucho/un poco)
me molesta/**n** (mucho/un poco)
me da/**n** (un poco de/mucho) miedo
me pone/**n** (muy /un poco) nervioso/a
me parece/**n** (muy) bien/mal
me cae/**n** (muy) bien/mal

Otros verbos que expresan gustos, opiniones y sentimientos son...
odiar / adorar / detestar / no aguantar / no soportar — la **hipocresía**. *n. singular* / las **oficinas**. *n. plural* / **madrugar**. *infinitivo*

DESCRIBIR Y VALORAR CANDIDATOS PARA UN PUESTO DE TRABAJO

- Pues a mí Carmen Gaona me encanta, me parece muy madura. Además, es inteligente y empática.
- También es muy ambiciosa. Realmente me parece que el trabajo le apasiona.

DESEOS DE HACER ALGO

- **Me gustaría** tener a ambas personas en la empresa.

EL CONDICIONAL

Se forma con el infinitivo y las terminaciones: **ía/ías/ía/íamos/íais/ían**

Regulares

CONTRATAR	SER	VIVIR
contratar**ía**	ser**ía**	vivir**ía**
contratar**ías**	ser**ías**	vivir**ías**
contratar**ía**	ser**ía**	vivir**ía**
contratar**íamos**	ser**íamos**	vivir**íamos**
contratar**íais**	ser**íais**	vivir**íais**
contratar**ían**	ser**ían**	vivir**ían**

Algunos irregulares

DECIR	dir-		
HACER	har-		
HABER	habr-		ía
PODER	podr-		ías
PONER	pondr-	+	ía
QUERER	querr-		íamos
SABER	sabr-		íais
SALIR	saldr-		ían
TENER	tendr-		

PLUSCUAMPERFECTO E IMPERFECTO

Con ambos tiempos podemos evocar circunstancias que rodean un acontecimiento.

Pluscuamperfecto: para evocar circunstancias anteriores

	+	
había **habías** **había** **habíamos** **habíais** **habían**	+	**terminado** **aprendido** **vivido**

Imperfecto: para evocar circunstancias simultáneas

- **Había terminado** mi año Erasmus y **deseaba** obtener experiencia laboral, así que vi el anuncio y fui a la entrevista.

RELATAR

Un relato progresa con perfecto o con indefinido.

- Pocos meses después, **me convertí** en la responsable del concesionario.

Cada imperfecto o pluscuamperfecto necesita de un perfecto o de un indefinido del que depende.

- **Empecé** a trabajar como empleada de un concesionario en Roma.
  - Mi padre me **había transmitido** su pasión por el mundo del motor desde muy niña.

SITUAR EN EL TIEMPO

Momento mencionado
en aquel momento
en aquella época
aquel día
a aquella hora

Momento anterior
unos meses/unas semanas **antes**
los años anteriores
el día anterior

Momento posterior
al cabo de una semana/un rato

pocos meses **más tarde**
dos años **después**

el año siguiente

Momentos consecutivos
enseguida
inmediatamente

C. Subraya en la transcripción de la entrevista todos los verbos en pasado y completa la tabla.

TIEMPOS DEL PASADO	VERBOS DEL TEXTO
Pretérito perfecto	he leído,
Pretérito indefinido	
Pretérito imperfecto	
Pretérito pluscuamperfecto	

D. Asocia cada tiempo del pasado de la actividad C a su función.

1. ....: Presenta acontecimientos pasados situándolos en un período de tiempo que ya terminó, es decir, que no incluye el momento presente.
2. ....: Presenta circunstancias y acciones pasadas anteriores a otro hecho pasado.
3. ....: Presenta acontecimientos pasados situándolos en un período de tiempo que incluye el momento presente.
4. ....: Presenta circunstancias simultáneas que rodean a otras acciones y describen el contexto en el que sucede el hecho que relatamos.

02

E. Alicia entrevista a otra persona para el puesto de Especialista en Ventas. Escucha la audición y completa la línea del tiempo con las informaciones que faltan sobre la formación y la experiencia laboral de la candidata.

02

F. Alicia tiene que presentar a su jefa la formación y la experiencia laboral de Carmen. Escucha otra vez la entrevista y toma notas. Luego escribe el relato de los acontecimientos usando los tiempos del pasado adecuados y los conectores para situar en el tiempo.

Carmen Gaona acabó un Máster en Comercio Internacional por una universidad italiana en 2016. Dos años antes, había terminado un Grado en Administración de Empresas...

G. ¿Cuál de los dos candidatos te parece más adecuado para el puesto? ¿Juan o Carmen? ¿Por qué? Coméntalo con un/a compañero/a.

H. En parejas, hablad de vuestras experiencias laborales: los puestos que habéis tenido, cuáles han sido vuestras funciones y si han sido experiencias positivas.

- *Pues yo he hecho períodos de prácticas de dos meses en verano en una empresa.*
- *¿Y cuáles eran exactamente tu puesto y tus funciones?*

4 El videocurrículum

En la actividad 2.D has escrito tu currículum y tu carta de presentación. Ahora vas a grabar tu videocurrículum y a prepararte para la entrevista de trabajo.

03

A. En parejas, comentad qué sabéis sobre el videocurrículum. Luego, escuchad un programa de radio en el que una experta en Recursos Humanos habla sobre esta herramienta y contestad a las siguientes preguntas. Comparad vuestras respuestas.

1. ¿Qué es un videocurrículum?
2. ¿Cuál es la utilidad del videocurrículum?
3. ¿Qué ventajas aportan los videocurrículums a los reclutadores?
4. ¿Qué hay que tener en cuenta a la hora de realizar un videocurrículum?

2:30/4:35

B. Lee los siguientes pasos para realizar un videocurrículum. Luego, prepárate y graba el tuyo con tu móvil u ordenador.

PASOS PARA REALIZAR UN BUEN VIDEOCURRÍCULUM

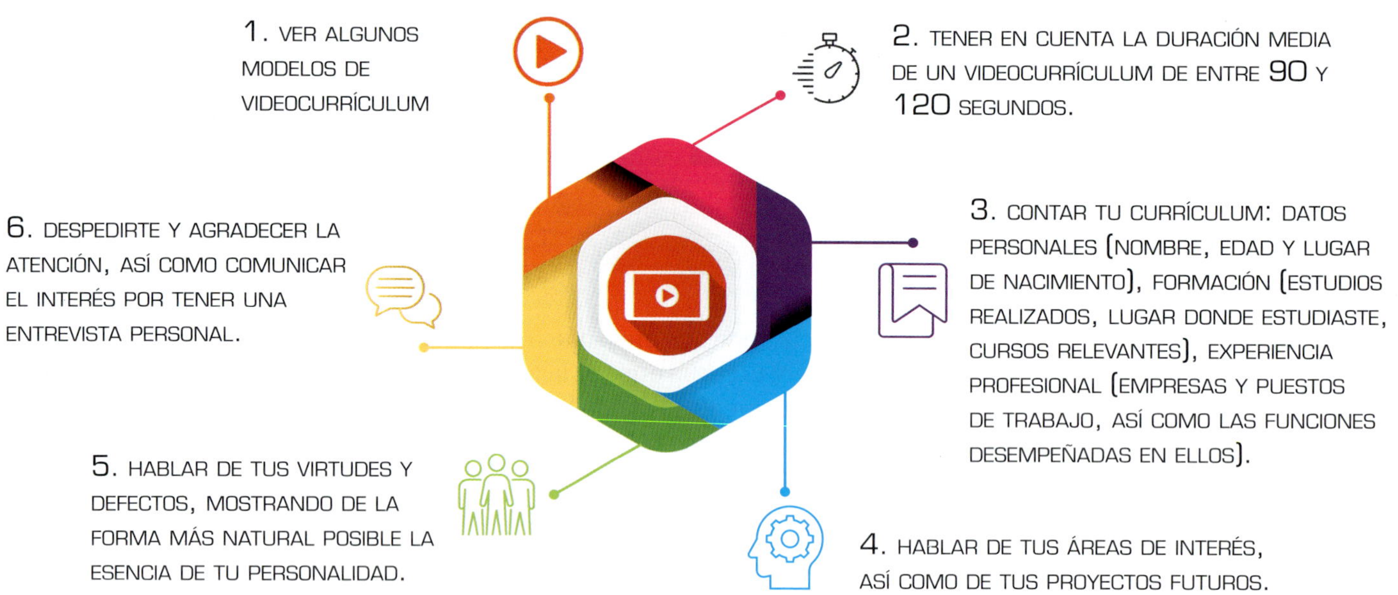

Adaptado de *Todo lo que necesitas saber sobre el videocurrículum*, blog.cv-coach.com

C. En parejas, mirad el videocurrículum de vuestro/a compañero/a y comentadlo. ¿La información es clara? ¿Ha tenido en cuenta los pasos indicados en la actividad B? ¿Ha conseguido transmitir su personalidad y su entusiasmo? ¿Podría en tu opinión mejorar algo?

- Me encanta porque estás muy natural.
- A mí me parece que tú hablas un poco deprisa...

D. Para prepararte adecuadamente para una entrevista de trabajo, es importante tener en cuenta algunos comportamientos interculturales. Lee el siguiente texto. Luego, en grupos, comentad la información: ¿hay algún dato que os sorprende? ¿Hay diferencias con respecto a las entrevistas de trabajo en vuestros países?

CONSEJOS PARA UNA ENTREVISTA DE TRABAJO EN ESPAÑA

- **Ser puntual.** Aunque en España en situaciones informales la impuntualidad es un hábito socialmente aceptado, en una entrevista de trabajo la puntualidad es muy importante.
- **Vestirse de forma apropiada.** Ir bien vestido se relaciona con una imagen positiva de esa persona. Algunas industrias, como la judicial, la banca de inversión o las ventas corporativas, requieren el traje, pero otras, como las start-ups y la industria tecnológica, prefieren códigos de vestimenta más relajados, una mezcla de piezas formales e informales. Por ello, es necesario informarse sobre el código de conducta de la empresa. Hay que tener en cuenta también que en algunas industrias es aconsejable esconder tatuajes o piercing.
- **Mostrarse seguro/a, pero sincero/a y amable.** Debes tener en cuenta que la seguridad, la sinceridad y la amabilidad son valores muy importantes para los españoles. Se valora la gente cercana y que no muestra distancia. Es mejor no estar serio/a y sonreír con confianza al/a la entrevistador/a.
- **Seguir la entrevista y las preguntas del/de la entrevistador/a.** La actitud de la persona entrevistada tiene que ser más pasiva, sin poner en relieve los logros profesionales. Es preferible no alardear de los méritos profesionales, ya que la arrogancia está mal vista.
- **No gesticular demasiado.** En la cultura española es normal apoyar nuestro discurso con gestos, es decir, utilizar el lenguaje no verbal. Sin embargo, dado el carácter formal de la entrevista de trabajo, se recomienda gesticular menos que en una conversación informal.
- **Mantener una buena postura.** Evita cruzar los brazos, apoyarte sobre la mesa o balancearte en la silla. Estas posturas se pueden interpretar como aburrimiento, inseguridad o dejadez.
- **Establecer contacto visual.** Al ser la española una cultura de contacto, es importante que cuando hablemos miremos a los interlocutores. En una entrevista de trabajo, mirar a los ojos es símbolo de interés. Hay que intentar mantener la mirada al/a la entrevistador/a durante la entrevista.

Adaptado de *La entrevista de trabajo*, home.kpmg/es

- Bueno, pues en mi país se espera del/de la candidato/a que alabe sus méritos profesionales...

E. En parejas, os vais a preparar para la entrevista. Aquí tenéis algunas preguntas que os pueden ayudar, también podéis añadir alguna más. Primero, tomáis notas de las respuestas que queréis dar. Luego, os entrevistáis el uno al otro y dais una valoración al/a la entrevistado/a. Si lo deseáis, podéis grabar las entrevistas.

- ¿Por qué razones piensa usted que es la persona adecuada para este puesto de trabajo?
- ¿Podría hablarme de sus estudios, de su experiencia laboral y de sus conocimientos de lenguas?
- ¿Qué funciones tuvo en su/s anterior/es puesto/s de trabajo?
- ¿Cuáles son sus puntos fuertes y sus puntos débiles?
- ¿Cuáles piensa usted que serían sus principales desafíos culturales?

- Me han gustado mucho tus respuestas. Me has parecido el/la candidato/a ideal para el puesto porque...
  Creo que serías un/a buen... porque....

2

Vamos a presentar nuestra empresa en una feria internacional.

Para ello, aprenderemos:

- a describir empresas en función de diferentes criterios,
- a expresar deseos sobre nuestro futuro laboral,
- a valorar y dar consejos relacionados con la creación de startups,
- el imperativo (formas regulares e irregulares y algunos de sus usos),
- a hablar sobre las razones para asistir a una feria,
- a hablar sobre la preparación del estand de una feria,
- a describir productos o servicios,
- el presente de subjuntivo de los verbos regulares e irregulares,
- **querer/desear** + infinitivo/subjuntivo,
- a expresar impersonalidad con **se**,
- a usar **se** en combinación con **lo/la/los/las**,
- a hacer la presentación de una empresa.

A

Nombre: Aceites García de la Cruz

Productos: aceites de oliva, vinagres y cosméticos.

Fecha de fundación: 1872

Propiedad: sociedad limitada (S.L.)

Sector: primario, secundario y terciario.

Tamaño: mediana (65 empleados)

Titularidad: privada

Lugar de desarrollo de su actividad: empresa multinacional con sedes en España y EE.UU.

Sede principal: Madridejos (Toledo), España.

B

Nombre: Grupo Bancolombia

Productos: servicios bancarios

Fecha de fundación: 1875

Propiedad: sociedad anónima (S.A.)

Sector: terciario

Tamaño: grande (30.000 empleados)

Titularidad: privada

Lugar de desarrollo de su actividad: empresa multinacional presente en Colombia, El Salvador, EE.UU., Guatemala, Islas Caimán, Panamá, Perú y Puerto Rico.

Sede principal: Medellín, Colombia.

C

Nombre: América Móvil

Productos: telefonía fija y móvil, internet, televisión por cable y por satélite.

Fecha de fundación: 2000

Propiedad: empresa mixta

Sector: terciario

Tamaño: grande (193 000 empleados)

Titularidad: pública con cotización en Bolsa

Lugar de desarrollo de su actividad: empresa multinacional presente en 18 países de América (EE.UU., Puerto Rico, República Dominicana, México, Guatemala, Nicaragua, Costa Rica, Honduras, Panamá, El Salvador, Colombia, Ecuador, Perú, Brasil, Argentina, Paraguay, Uruguay y Chile) y 7 de Europa (Austria, Bielorrusia, Bulgaria, Croacia, Macedonia, Serbia y Eslovenia).

Sede principal: Ciudad de México, México.

gente de empresa

D

Nombre: Meliá Hotels International
Productos: estancias hoteleras
Fecha de fundación: 1956
Propiedad: sociedad anónima (S.A.)
Sector: terciario
Tamaño: grande (44 000 empleados)
Titularidad: privada
Lugar de desarrollo de su actividad: empresa multinacional presente en diversos países de Europa, Asia y América.
Sede principal: Palma de Mallorca, Islas Baleares, España

E

Nombre: Mercado Libre
Productos: compra, venta y pagos por internet.
Fecha de fundación: 1999
Propiedad: sociedad limitada (S.L.)
Sector: terciario
Tamaño: grande (9000 empleados)
Titularidad: privada
Lugar de desarrollo de su actividad: 18 países de América (Argentina, Bolivia, Brasil, Chile, Colombia, Costa Rica, República Dominicana, Ecuador, Guatemala, Honduras, México, Nicaragua, Panamá, Paraguay, Perú, El Salvador, Uruguay y Venezuela).
Sede principal: Buenos Aires, Argentina.

1 Tipos de empresas

A. Existen empresas de muchos tipos, que podemos organizar según diversos criterios. Antes de leer el esquema, haced una lluvia de ideas. ¿Bajo qué criterios se pueden clasificar las empresas?

- *Las empresas se pueden clasificar según el número de empleados.*
- *Sí, por supuesto. Y también según el tipo de actividad…*

B. Ahora lee el esquema y las fichas de cinco empresas de países hispanohablantes. ¿Los criterios de clasificación propuestos corresponden a los que habéis mencionado anteriormente? ¿Trabajas o has trabajado en alguna empresa parecida? ¿Por qué? Coméntalo con un/a compañero/a.

TIPOS DE EMPRESAS

LUGAR DE DESARROLLO DE LA ACTIVIDAD

- Empresa local
- Empresa provincial
- Empresa regional
- Empresa nacional
- Empresa multinacional

TITULARIDAD

- Pública: el capital procede del Estado.
- Privada: el capital procede de inversores privados.
- Mixta: el capital procede de una colaboración entre inversores privados y Estado.

TAMAÑO (POR EL N.° DE EMPLEADOS)

- Microempresa: menos de 10 empleados
- Pequeña: menos de 50
- Mediana: entre 50 y 499
- Grande: más de 500

SECTOR

- Primario: obtención de materias primas.
- Secundario: transformación de materias primas a través de procesos industriales.
- Terciario: producción de bienes inmateriales o servicios (por ejemplo, el turismo, la hostelería, el transporte, la sanidad, la educación).

PROPIEDAD

- Individual
- Sociedad anónima (S.A.): varios propietarios que poseen acciones que pueden cotizarse en Bolsa.
- Sociedad limitada (S.L.): varios propietarios con participaciones, cada socio/a necesita de la aprobación de los demás.

2 Las mejores empresas de mi país

A. En grupos, cada estudiante piensa en una empresa del propio país que le guste y la presenta brevemente a los compañeros.

● *A mí me gusta Swarovski. Creo que es una empresa del sector primario y secundario. Además, pienso que es de tamaño medio y es una sociedad anónima, por lo que es una empresa privada. También es una empresa multinacional porque sus productos están presentes en muchos países del mundo.*
○ *Pues a mí me gusta...*

B. Ahora, cada grupo elige la empresa que le parece más interesante y completa la siguiente tabla. Podéis buscar información en internet. Luego, presentad la empresa al resto de la clase.

Nombre	Sector y productos	Tamaño	Titularidad	Propiedad	Lugar de su actividad

3 Deseos sobre el futuro laboral

4

A. Dos estudiantes son entrevistados en un programa de radio sobre sus deseos laborales futuros. ¿En qué sector les gustaría trabajar? ¿En qué tipo de empresa? ¿Por qué? Contesta a las preguntas. Luego, compara tus respuestas con las de tu compañero/a.

Martín

Sector: ....
Empresa: ....
Por qué: ....
....
....

Greta

Sector: ....
Empresa: ....
Por qué: ....
....
....

B. Y a ti, ¿en qué tipo de empresa te gustaría trabajar en el futuro? ¿Por qué? Háblalo con un/a compañero/a.

4 Cómo crear una startup

A. ¿Sabes qué es una startup? ¿Y una pyme? ¿Cómo se denominan las pymes en tu lengua materna? ¿Cuáles son las diferencias entre las startups y las pymes? En parejas, contestad a las preguntas. Podéis buscar la información en internet.

B. Lee los siguientes consejos sobre cómo empezar una startup: ¿sabes qué significan las expresiones en negrita? Puedes consultar internet o el diccionario. Luego, coméntalo con con un/a compañero/a.

a. Habla con los usuarios y **valida tu idea**.
b. Vende tu idea a tu cofundador.
c. **Consigue tracción**.
d. Piensa qué problemas tienes a diario y qué te apasionaría resolver.
e. **Elige una métrica** para monitorear la administración y el progreso hacia tus objetivos a largo y corto plazo.

C. ¿En qué orden crees que van estos consejos? Coméntalo con un/a compañero/a. Luego, lee el siguiente texto y compruébalo.

EL BLOG

EMPRESAS CREADORAS

CONSEJOS PARA CREAR UNA STARTUP DE ÉXITO

Cada vez más emprendedores y jóvenes profesionales se lanzan al mercado con una idea y la ilusión de fundar una startup. En nuestro blog hemos decidido dedicar una serie de artículos a intervenciones y consejos para esos aventureros que llevan tiempo con una idea similar en la cabeza. Hoy proponemos la intervención de Pamela Valdés, la fundadora de beek, la plataforma de reseñas de audiolibros, pódcast y audioseries en español más grande del mundo.

Según Pamela, lo primero es que te preguntes por qué quieres empezar una startup, no lo puedes hacer nada más por pertenecer al mundo de las startups. “Tiene que venir de una pasión. Y esto es porque hacer una startup es 100 veces más difícil de lo que te estás imaginando. Y cuando las cosas se ponen difíciles, si no estás apasionado por lo que estás creando es muy probable que te des por vencido.

Entonces, el paso número uno: **piensa** qué problemas tienes a diario y qué te apasionaría resolver. De ahí es de donde tienes que sacar la idea de tu startup. Y bueno, tienes que validarla, la gente la tiene que querer. [...] Hay miles de herramientas que puedes usar para empezar sin saber programar, no necesitas saber programar para validar tu idea. Yo lo hice con una página de Facebook, y pues bueno así pude ver si realmente iba a funcionar o no. Eso es lo más importante de una startup.

Paso número dos: **habla** con los usuarios y **valida** tu idea. **No gastes** dinero y tiempo en desarrollar nada si no estás seguro de que la gente lo va a querer. [...]

Paso número tres: **vende** tu idea a tu cofundador. Fundamental: **consigue** tracción antes de buscar a tu cofundador-programador. [...] Yo ya tenía una comunidad de Facebook con 25 000 personas interesadas en el producto. Así fue mucho más fácil convencer [a mi cofundador] de que mi idea tenía potencial.

Paso número cuatro: **elige** una métrica para monitorear la administración y el progreso hacia ciertos objetivos a largo y corto plazo. Esa métrica es la que te hace enfocar en crecer. Pero **no elijas** métricas vanidosas, como el número de seguidores en Twitter o el número de descargas en la App. Eso no dicta el éxito de tu startup. Y ya que escogiste la métrica, **crece** un 10 % semanal. Obviamente eso es mucho más difícil de lo que suena y por eso **haz** de 2 a 3 experimentos semanales, como *posts* en Twitter y otras cosas, es decir, interacción constante. Si estás creciendo y teniendo tracción, tienes que regresar al principio, **vuelve** a hablar con usuarios y a interaccionar con ellos. Hay una frase que me encanta que dijo Jeff Bezos (CEO de Amazon) que dice: ‘Tu producto nunca está terminado’. Y esto es súperreal porque si tú no estás innovando constantemente va a llegar alguien más y lo va a hacer por ti y no te va a gustar. Entonces eso es una startup, innovación constante. Ahora, ¡**vive** tu sueño!”.

Cómo empezar una startup | Pamela Valdés, youtube.com

D. ¿Crees que falta algún consejo importante? Escríbelo. Luego, en grupos, haced una puesta en común y tomad notas de los consejos que os parecen más útiles.

E. Fíjate en los verbos en negrita y completa la tabla. Luego, marca cuáles son regulares o irregulares, y justifica tu respuesta con un/a compañero/a.

imperativo afirmativo	imperativo negativo	infinitivo	regular	irregular
piensa	no pienses	pensar	☐	☒
....	no hables	....	☐	☐
....	no valides	....	☐	☐
gasta	....	....	☐	☐
....	no vendas	....	☐	☐
....	no consigas	....	☐	☐
elige	....	....	☐	☐
....	no crezcas	....	☐	☐
....	no hagas	....	☐	☐
....	no vuelvas	....	☐	☐
....	no vivas	....	☐	☐

5 Participación de empresas en una feria

A. ¿Has asistido alguna vez a una feria? ¿Para qué? Si nunca has ido a una, piensa en una que te gustaría visitar. ¿Cuál es? ¿Por qué te gustaría visitarla? Coméntalo con un/a compañero/a.

B. ¿Sabes por qué razones asiste una empresa a una feria? Marca cuáles de los siguientes objetivos puede tener una empresa para participar en una feria.

La empresa...

- ☐ 1. ... desea dar a conocer sus productos.
- ☐ 2. ... quiere que sus empleados viajen fuera del país.
- ☐ 3. ... desea establecer contacto con clientes potenciales.
- ☐ 4. ... quiere conocer los productos de la competencia.
- ☐ 5. ... quiere expandirse fuera de su país.
- ☐ 6. ... desea que sus productos tengan fama internacional.
- ☐ 7. ... quiere que sus empleados aprendan a montar un estand.

6 Los elementos de un estand en una feria

A. Mira la imagen de este estand y relaciona las siguientes palabras con los elementos correspondientes.

silla · mesa · panel · sillón · mesita · almacén · bandera

cartel · pantalla · maceta · proyector · expositor

B. En grupos, imaginad que tenéis que preparar un estand en una feria agroalimentaria. Decidid cómo colocar los elementos y dibujad el estand.

- ● La mesa de reunión la pondremos en este espacio central. Las tres sillas las colocaremos alrededor de la mesa.
- ○ Sí, y los paneles irán aquí, al fondo del estand. Así todas las personas los leerán sin problemas.
- ■ Y los expositores vamos a ponerlos aquí delante...

IMPERATIVO

Formas regulares

HABL**AR**		VEND**ER**	
habl**a**	no habl**es**	vend**e**	no vend**as**
habl**ad**	no habl**éis**	vend**ed**	no vend**áis**
habl**e**	no habl**e**	vend**a**	no vend**a**
habl**en**	no habl**en**	vend**an**	no vend**an**

Formas regulares / **Formas irregulares**

VIV**IR**		P**E**NSAR **(e-ie)**	
viv**e**	no viv**as**	p**ie**nsa	no p**ie**nses
viv**id**	no viv**áis**	pensad	no penséis
viv**a**	no viv**a**	p**ie**nse	no p**ie**nse
viv**an**	no viv**an**	p**ie**nsen	no p**ie**nsen

Formas irregulares

EL**E**GIR **(e-i)**		V**O**LVER **(o-ue)**	
el**i**ge	no el**i**jas	v**ue**lve	no v**ue**lvas
elegid	no el**i**jáis	volved	no volváis
el**i**ja	no el**i**ja	v**ue**lva	no v**ue**lva
el**i**jan	no el**i**jan	v**ue**lvan	no v**ue**lvan

HACER		**IR**		**SER**	
haz	no **hag**as	**ve**	no **vay**as	**sé**	no **seas**
haced	no **hag**áis	id	no **vay**áis	sed	no **seáis**
haga	no **hag**a	**vay**a	no **vay**a	**sea**	no **sea**
hagan	no **hag**an	**vay**an	no **vay**an	**sean**	no **sean**

PRESENTE DE SUBJUNTIVO

Verbos regulares

VIAJAR	APRENDER	VIVIR
viaj**e**	aprend**a**	viv**a**
viaj**es**	aprend**as**	viv**as**
viaj**e**	aprend**a**	viv**a**
viaj**emos**	aprend**amos**	viv**amos**
viaj**éis**	aprend**áis**	viv**áis**
viaj**en**	aprend**an**	viv**an**

Verbos irregulares

SER	IR	PODER
sea	vaya	pueda
seas	vayas	puedas
sea	vaya	pueda
seamos	vayamos	podamos
seáis	vayáis	podáis
sean	vayan	puedan

LLEGAR	**llegu-**	**HABER**	**hay-**
TENER	**teng-**	**PONER**	**pong-**
DECIR	**dig-**	**HACER**	**hag-**
SALIR	**salg-**	**VENIR**	**veng-**
SABER	**sep-**	**CONOCER**	**conozc-**

QUERER/DESEAR: **INFINITIVO Y SUBJUNTIVO**

En frases con el mismo sujeto

- La empresa desea **dar** a conocer sus productos.

En frases con sujetos diferentes

- La empresa desea **que** sus productos **tengan** fama internacional.

SE + LO/LA/LOS/LAS
OI + OD
Cuando se combinan los pronombres de OI (**le** o **les**) con los de OD (**lo**, **la**, **los**, **las**) los primeros se convierten en **se**.
- ¿Cómo nos hacen llegar el catálogo y el listado de precios?
- ~~**Le**~~ **los** hacemos llegar con esta carta.
- **Se los** hacemos llegar con esta carta.

SE: **IMPERSONALIDAD**
Cuando no importa quién lo hace
Pronombre reflexivo **se** + 3.ª persona sing./pl. del verbo
- El coste del embalaje **se incluiría** en el precio.
- Las condiciones que **se** le **ofrecen** son estas.

DESCRIBIR OBJETOS

Cualidades y requisitos

Tenemos aviones... — ... **grandes**. / ... **con** muchos asientos. / ... **que** contaminan mucho. (*indicativo*)

Necesitamos aviones... — ... **pequeños**. / ... **con** menos asientos. / ... **que** no contaminen. (*subjuntivo*)

Material
- Objetos **de** tela, plástico, madera, cristal, papel, metal...

Utilidad
- **Sirve para** transportar pasajeros.
- **Se usa para** llevar a personas de un lugar a otro.
- **Lo usan** muchos turistas.

Funcionamiento
- **Va** / **Funciona** **con** pilas. / queroseno. / energía solar.

ACONTECIMIENTOS O SITUACIONES FUTURAS

Futuros regulares

COLOCAR → colocar-
SER → ser-
IR → ir-
\+ é / ás / á / emos / éis / án

Futuros irregulares

DECIR → dir-
HACER → har-
HABER → habr-
PODER → podr-
PONER → pondr-
QUERER → querr-
SABER → sabr-
SALIR → saldr-
TENER → tendr-
\+ é / ás / á / emos / éis / án

7 **Aspectos interculturales**

A. A la hora de participar en una feria, es importante tener en cuenta algunos comportamientos interculturales. En España, ¿cómo crees que se hacen las presentaciones entre los miembros de empresas? Coméntalo con un/a compañero/a.

B. Ahora, lee las siguientes recomendaciones: ¿hay diferencias con respecto a los comportamientos que se adoptan en vuestros países? ¿Cuáles? Comentadlo en grupos.

Seis consejos para participar en una feria en España

1. Como es un contexto formal, se habla de *usted*.
2. A la hora de las presentaciones, se saluda con un apretón de manos. No se suele saludar con dos besos, no estamos familiarizados con la persona.
3. Si una persona nos da una tarjeta de presentación, simplemente la cogemos. No se agarra con las dos manos ni se mira antes de guardarla.
4. Se presenta a los miembros de la empresa normalmente con el apellido y el cargo. A veces también decimos el nombre.
5. Durante una feria, muchas personas muestran su interés por la empresa. No es necesario agradecér**selo**. Ser cordial es suficiente.
6. Durante la presentación, normalmente no se hacen cumplidos al estand y a la empresa. Solo se presenta la empresa y se intercambia información.

- *Pues en mi país también se presenta con el apellido y el cargo, ¿y en el tuyo?*
- *Pues en el mío se saluda solo con la cabeza y se coge la tarjeta con las dos manos con mucho interés. Es muy importante...*

C. Fíjate en la forma en negrita: ¿a qué se refieren los dos pronombres?

8 **Presentar una empresa en una feria**

A. A la hora de presentar una empresa en una feria, ¿cuáles son los puntos fundamentales que hay que tratar? Háblalo con un/a compañero/a.

5

B. Vas a escuchar a la directiva de una empresa olivarera mientras presenta su empresa en la Feria Expoliva. Toma notas de los puntos que trata, ¿corresponden a los que pensabais?

C. Vuelve a escuchar la presentación y ordena los puntos que la forman.

☐ Planes futuros ☐ Datos generales de la empresa ☐ Publicidad
☐ Saludo, bienvenida y presentación personal ☐ Descripción del producto
☐ Historia de la empresa ☐ Conclusión y turno de preguntas

D. ¿Te ha gustado la presentación? ¿Cambiarías algo?¿Por qué? Coméntalo con tus compañeros.

9 Presentación de tu empresa en una feria internacional

En grupos de tres, vais a imaginar que sois socios fundadores de una empresa. La empresa va bien y deseáis llevarla a los mercados de los países hispanohablantes, por lo que decidís participar en una feria internacional. Vais a tener que preparar la presentación de vuestra empresa.

A. En grupos, compartid ideas y elegid el tipo de empresa de la que queréis ser socios fundadores.

- ● *¿Qué os parece una empresa que produzca alimentos 100 % vegetales?*
- ○ *Es una gran idea, ha habido un gran crecimiento del mercado de la alimentación vegetal y saludable.*
- ■ *Es verdad. Por cierto, podemos crear una empresa que esté vinculada a los derechos de los animales y a la ecología.*
- ● *Pues, sí. Se necesitan opciones de consumo que impacten de forma positiva en el mundo.*

B. Ahora, completad la siguiente ficha con los datos y las características de vuestra empresa.

DATOS GENERALES DE LA EMPRESA

Nombre de la empresa: ....

Producto/s o servicio/s que ofrece: ....

Sector: ....

Tamaño: ....

Propiedad: ....

Titularidad: ....

Sede principal: ....

Otros lugares en los que está presente: ....

HISTORIA DE LA EMPRESA

....

....

....

....

....

....

....

....

....

....

....

PRODUCTO Y PUBLICIDAD

Descripción del producto: ....

Público objetivo: ....

Anuncio y eslogan: ....

Soportes publicitarios: ....

PLANES FUTUROS

....

....

....

....

....

....

....

....

....

....

C. Antes de empezar a redactar vuestra presentación, leed algunos consejos sobre cómo estructurarla.

Quiénes somos. El primer punto será presentarnos. Se trata de una nueva empresa, debemos partir de la idea de que nadie nos conoce. Por este motivo, hay que incluir un apartado en la presentación de quiénes somos, desde cuándo estamos en el mercado laboral, quién es el equipo y cuáles son las líneas de negocio de la nueva compañía.

Qué hacemos. El siguiente paso será informar de todos los servicios o productos de la empresa. No consiste en mostrar el catálogo de productos, sino de lo que encontrará el cliente si contrata nuestros servicios o productos. Hay que enfocarlo en relación con la necesidad del cliente y cómo la nueva empresa lo cubre.

Quiénes son nuestros clientes. Podemos incluir en la presentación quién queremos que sea nuestro perfil de cliente. Identificar un arquetipo de cliente ideal nos ayudará a establecer los objetivos para captarlo.

Los planes que tenemos para el futuro. Termina la presentación con información relevante sobre los objetivos futuros de la empresa.

D. Ahora tenéis que redactar un texto de presentación de vuestra empresa. Junto con el texto, tenéis que preparar unas diapositivas con imágenes y palabras clave. La presentación no debe durar más de 5 o 6 minutos.

E. Decidid cómo os vais a dividir entre los tres los puntos de la presentación y ensayadla. Tened en cuenta que no podéis leer el texto durante la presentación. Podéis preparar una lista de vocabulario nuevo que habéis aprendido en la realización de esta tarea y entregársela a los compañeros antes de la presentación.

F. Ahora cada portavoz presenta la empresa a la clase. Si lo deseáis, podéis grabar las presentaciones. Al final de cada presentación, los compañeros de otros grupos comentarán los aspectos positivos, así como aquellos que se pueden mejorar.

OS SERÁ ÚTIL...

QUERER/DESEAR: **INFINITIVO Y SUBJUNTIVO**
En frases con el mismo sujeto
- Nuestra empresa desea **reducir** el impacto medioambiental que tiene el consumo de carne.

En frases con sujetos diferentes
- Deseamos **que** nuestros productos **sean** 100 % sostenibles.

DESCRIBIR OBJETOS
Cualidades y requisitos
Necesitamos un producto **que** tenga sabor a carne.

ACONTECIMIENTOS O SITUACIONES FUTURAS
Dentro de 5 meses nuestros productos **estarán** disponibles en varias cadenas de supermercados.

3

gente sostenible y 4.0

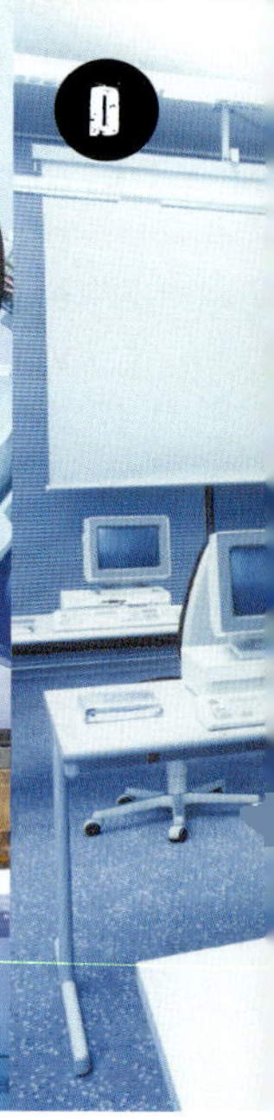

Vamos a diseñar y a presentar una App que fomente un estilo de vida sostenible.

Para ello, aprenderemos:

- a hablar de las revoluciones industriales,
- a hablar sobre los perfiles profesionales necesarios para la industria 4.0,
- a argumentar sobre las ventajas y los inconvenientes de la industria 4.0,
- los conectores para la argumentación,
- a opinar sobre las implicaciones futuras de los Objetivos de desarrollo sostenible de la ONU,
- las perífrasis verbales **dejar de** + infinitivo y **seguir** + gerundio,
- a expresar sentimientos y estados de ánimo,
- a expresar objetivos con **para** + infinitivo o **para que** + presente de subjuntivo,
- a reaccionar ante nueva información con el imperfecto.

1 Las cuatro revoluciones industriales

A. ¿Qué sabes de la primera revolución industrial? ¿Cuándo y dónde empezó? ¿Qué cambios se produjeron tanto en las formas como en los lugares de trabajo? Coméntalo con tus compañeros.

B. Según los expertos nos encontramos en la cuarta revolución industrial. Mira las imágenes: ¿a qué revolución industrial piensas que pertenecen? ¿Qué datos te dan las imágenes para pensar así? Coméntalo con un/a compañero/a.

- Yo pienso que la imagen A pertenece a la segunda revolución industrial porque se ve la producción de muchos coches...
- No sé. Puede ser..., pero yo creo que pertenece a la...

C. ¿Qué sabes de las cuatro revoluciones industriales? Relaciona cada una con la información correspondiente. Compara tus respuestas con un/a compañero/a.

1ª revolución industrial .... 3ª revolución industrial ....
2ª revolución industrial .... 4ª revolución industrial ....

A La máquina de vapor fue fundamental en el éxito de esta revolución. Su uso significó el paso de la producción manual a la mecanizada y también un gran aumento de la producción.

B Se basa en la digitalización. Los sistemas ciberfísicos combinan maquinaria física con procesos digitales, y son capaces de tomar decisiones y de cooperar, entre ellos y con los humanos.

C Se inició a mediados del siglo XX con el empleo de la electrónica, de la tecnología de la información y de las telecomunicaciones que permitieron la automatización de los procesos.

D Las fuentes de energía para su desarrollo fueron el petróleo y la electricidad. La división del trabajo y la producción en cadena surgieron como nuevos sistemas de productividad.

- Yo diría que la afirmación 1 se refiere a la segunda revolución industrial.
- ¿Estás seguro/a? Pues yo no estoy del todo seguro/a de que se refiera a la segunda, quizás sea un aspecto de la primera revolución industrial.

2 Nuevas profesiones

A. Piensa en la cuarta revolución industrial: ¿cuáles crees que son los perfiles profesionales más buscados? Haz una lluvia de ideas con tus compañeros.

06

B. Escucha la entrevista a la responsable de una agencia de recursos humanos y completa la lista de perfiles profesionales. Luego toma notas: ¿qué tareas desarrollan los diferentes profesionales en la industria 4.0?

1. .... e ingenieros especializados en robots y sensores
2. .... especializados en *big data*
3. .... de datos
4. .... , ... y de telecomunicaciones

C. Compara tus respuestas con un/a compañero/a. ¿Conocéis a alguien con este perfil laboral? Comentadlo.

- Yo no conozco a nadie con este perfil. ¿Y tú?
- Yo, sí. Tengo una amiga que creo que es responsable de una base de datos de un banco.

3 La fábrica inteligente

A. ¿Qué sabes de las fábricas inteligentes? ¿Sabes qué son las TIC? Coméntalo con un/a compañero/a.

B. Lee el siguiente post sobre las empresas inteligentes y las TIC e identifica las ventajas que aporta cada TIC. Luego, compara tus respuestas con un/a compañero/a.

- Yo pienso que el uso del *big data* permite llegar a nuevos mercados...
- Y yo creo que la robótica colaborativa consigue automatizar procesos...

QUIÉNES SOMOS ACTUALIDAD MUNDO DIGITAL INNOVADORES CONTACTOS

LA FÁBRICA INTELIGENTE

Cada vez son más las industrias que se suman a la cuarta revolución industrial o industria 4.0, incorporando tecnologías disruptivas a los procesos productivos. Así nace la fábrica inteligente, también conocida como Smart Factory.

El objetivo de las fábricas inteligentes es la digitalización de los procesos en cada una de sus etapas, a través de la implementación de las TIC (Tecnologías de la Información y la Comunicación).
Las TIC son el conjunto de herramientas accesibles desde diferentes dispositivos que permiten recoger, procesar y compartir información de todo tipo. Las TIC han facilitado muchas tareas aportando muchas ventajas, entre ellas:

1. llegar a nuevos mercados,
2. automatizar procesos,
3. dar un servicio más inmediato a los clientes,
4. ahorrar costes,
5. mejorar el día a día de los empleados y favorecer el trabajo en equipo.

BIG DATA
Con este término se describe el gran volumen de datos que las empresas y las instituciones pueden usar cada día. El análisis de esos datos permite tomar decisiones, hacer predicciones y realizar negocios estratégicos.

EL INTERNET DE LAS COSAS Y LA NUBE
La convergencia de las TIC con la sensórica y la robótica permite comunicación y cooperación entre las personas y los objetos, así como un control sobre el estado y el desarrollo de cada trabajo. Todos los datos que se generan, se almacenan en los servidores que forman la nube.

IMPRESIÓN 3D
Con esta tecnología se puede producir tanto a gran escala como de forma personalizada. Ofrece un producto final de calidad, hecho a medida, reduce el desperdicio de materias primas y abarata los costes de producción.

REALIDAD AUMENTADA
Con la realidad aumentada el mundo real se ve a través de un dispositivo tecnológico (teléfono móvil, gafas inteligentes, tableta, etc.), que añade información virtual a la información física ya existente. Así, el mundo real se enriquece con la superposición de información de interés (imágenes, objetos en 3D, vídeos, etc.).

ROBÓTICA COLABORATIVA
Los robots pequeños, ligeros, flexibles y fáciles de instalar están preparados para interactuar con humanos en pequeños espacios de trabajo. Su precio asequible permite su utilización en las pequeñas y medianas empresas. En el ámbito de la logística, estos robots conviven también con los drones y con sistemas de transporte cada vez más automatizados y autónomos.

Fuente: *Las TIC en las empresas, ventajas que no hay que desperdiciar*, universidadviu.es

C. Piensa en los servicios que usas o las empresas que conoces, ¿qué TIC utilizan? Coméntalo con tus compañeros.

- Pienso que el internet de las cosas está presente en las casas inteligentes, por ejemplo, cuando se conectan automáticamente los electrodomésticos de la cocina.
- ○ Y el *big data* creo que se usa mucho en marketing, para conocer la opinión de los clientes y consumidores.
- Y los bancos usan mucho el *big data* también.

D. Algunos lectores dejan comentarios al artículo de la actividad B con ejemplos de uso de las TIC. Comenta con tus compañeros las informaciones que ya conocías y las que te sorprenden.

- Yo no sabía que...
- ○ Yo tampoco lo sabía. Yo creía que...
- Pues yo no tenía ni idea de nada...

COMENTARIOS

Noemí_1
Las TIC están por todas partes y mejoran nuestra vida personal y profesional. Por ejemplo, recientemente he leído que los quirófanos del Hospital Gregorio Marañón de Madrid han puesto en práctica una técnica pionera en el mundo. Con la realidad aumentada, el cirujano ve a través de unas gafas la anatomía del paciente, así como su historial clínico y la planificación de la operación que va a realizar.

Xavi Capdevila
Noemí, ¡tu ejemplo es muy impactante! Yo, durante mi último viaje de trabajo, flipé... el hotel donde me alojé, conocía mis intereses y gustos y me sorprendió con detalles muy personalizados como despertarme con mi música favorita y poner en el minibar las bebidas y snacks que más me gustan. Además, me aconsejaron algunos espectáculos de teatro que me encantaron. Útil, ¿no?

Alma_verde
No sé, a mi me da miedo que nos conozcan tan bien... En mi opinión, una aplicación muy interesante de las TIC es la que permite luchar contra la deforestación y los incendios. Por ejemplo, he visto un reportaje sobre una iniciativa que se desarrolla en una zona de Perú habitada por una comunidad indígena en la que se lucha contra la deforestación de la selva. El Estado peruano ofreció a esta comunidad cuidar la selva usando unos teléfonos móviles y un dron. Con la información recibida, las autoridades pueden intervenir muy rápidamente.

07 **E.** Escucha el programa de radio donde se habla de los usos de las TIC del apartado D e indica cuáles de las siguientes informaciones se proporcionan en la audición. Compara tus respuestas con dos compañeros.

- [ ] 1. Los cirujanos pueden utilizar las gafas de realidad aumentada en conjunto con las impresoras 3D para crear un modelo de la lesión del paciente.
- [ ] 2. Tienes que rellenar un cuestionario con tus datos personales, intereses y gustos para que el hotel pueda ofrecerte un servicio personalizado.
- [ ] 3. Los drones pueden ayudar en la protección del medioambiente.
- [ ] 4. En algunas zonas de Perú el uso de drones es ilegal.

F. Las TIC mencionadas en el audio se pueden utilizar en otros ámbitos (transporte público, arquitectura, educación, ocio, agricultura, etc.). Elige un ámbito y escribe un pequeño texto de los usos de las TIC en ese ámbito. Si lo necesitas, puedes buscar información en internet. Luego, léeselo al resto de la clase. Tus compañeros van a reaccionar a tus propuestas.

- Un arquitecto puede usar la realidad aumentada para...
- ○ Yo no lo creo.
- Sí, claro, por supuesto. Yo lo he visto en...

OS SERÁ ÚTIL...

Aprobar otras opiniones
- **Sí, claro, por supuesto.**
- **Yo estoy de acuerdo.**
- **Sí, es probable.**

Mostrar desacuerdo
- **No, yo soy de otra opinión porque...**
- **Pues yo no creo que...**

Mostrar duda o escepticismo
- **No estoy muy seguro/a de eso.**
- **(Yo) no lo creo.**

Mostrar rechazo
- **No, de ninguna manera.**
- **No, no, en absoluto.**
- **No, qué va.**

4 ¿Cómo será el futuro 4.0?

A. En parejas, ¿cuáles son los nuevos retos de la industria 4.0?

- *Yo creo que la industria 4.0 mejorará la calidad de vida.*
- *Bueno, yo no estoy tan seguro/a. Pienso que desaparecerán muchos puestos de trabajo con el uso de los robots.*

B. La directora de recursos humanos de una empresa escribe un correo para informar a todos los empleados de un curso de formación sobre los procesos de digitalización. Lee el correo y complétalo con los conectores que faltan.

ahora bien	además	en cualquier caso
por otro lado	incluso	con respecto a

De: msepulveda@tec.dif

Asunto: curso de formación

Estimad@s colegas,

El próximo mes tendrá lugar un curso de formación con el objetivo de conocer la implementación de los procesos de digitalización en nuestra empresa y discutir sobre cómo nos afectan en nuestra vida laboral e **(1)** .... en nuestra esfera personal.

Como sabéis, todos los departamentos están haciendo un importante esfuerzo para adaptarse a la digitalización que requiere el mercado. **De hecho**, en el almacén ya se está usando con éxito la realidad aumentada y en la planta de producción los sensores han permitido simplificar muchos procesos. **(2)** ...., la semana que viene se implementará la nueva base de datos. **Sin embargo**, somos conscientes de que para alcanzar nuevos retos es necesario contar con un elemento fundamental: la formación adecuada de todos los empleados. ¿Cómo? **Por un lado**, a través de la asistencia a los cursos que organiza cada departamento y, **(3)** ...., con la participación en proyectos de Investigación y Desarrollo promovidos por el ministerio. **(4)** ...., en el curso de formación se ofrecerán detalles de cada una de las acciones formativas.
Por último, **(5)** .... las actividades sociales que organiza la empresa, pensamos que tenemos que mejorar nuestra participación en proyectos con determinadas ONG y universidades. **Sobre** este tema también discutiremos en el curso, **(6)** ...., si alguien tiene alguna propuesta, por favor, puede comunicarse conmigo. **Entonces**, nos vemos en el curso.

Saludos,

Marta Sepúlveda

C. Completa la tabla con los conectores de la actividad B según su función.

aportar más razones o informaciones	de hecho,
sacar conclusiones	entonces,
presentar nuevos argumentos	por un lado,
contraponer razones	sin embargo,
aludir a un tema ya planteado	sobre,

LA EXPRESIÓN DE OPINIONES

(Yo) creo/pienso que...
En mi opinión...
Estoy seguro/a de que...
Me da la impresión de que...
Tal vez... / Quizá/s...
→ *+ indicativo* — el futuro todo **mejorará**.

(Yo) no creo que...
(Yo) dudo que...
(Yo) no estoy seguro/a de que...
(No) es probable/posible que...
Tal vez... / Quizá/s...
→ *+ subjuntivo* — el futuro todo **mejore**.

Clarificar las opiniones
- **Lo que quiero decir es que...**
- **No, no, lo que quería decir no es eso.**

GRADOS DE SEGURIDAD

- ¿Cuál es el objetivo 12 de la ONU?
- Yo **diría que** es producción y consumo responsables.

- **¿Estás seguro/a de que** el objetivo 9 corresponde a industria, innovación e infraestructura?
- **Bueno, no estoy tan seguro/a. Sí, segurísimo/a.**

CONECTORES: ARGUMENTACIÓN

Aportar más razones
- **Además, ...**
- **Incluso...**
- **De hecho, ...**

Sacar conclusiones
- **Así que...**
- **Entonces, ...**
- **Total, que...**

Presentar nuevos argumentos
- **De todas maneras, ...**
- **En cualquier caso, ...**

Contraponer razones
- **Ahora bien, ...**
- **Pero...**
- **Por un lado, ...**
- **Por otro lado, ...**
- **Sin embargo, ...**

Aludir a un tema ya planteado
- **En cuanto a (eso de que)...**
- **Con (respecto) a (eso de)...**
- **Sobre...**

CONTINUIDAD E INTERRUPCIÓN

Seguir *+ gerundio*
- Este país **sigue trabajando** por el bienestar de los ciudadanos.

Dejar de *+ infinitivo*
- Las empresas no pueden **dejar de invertir** en innovación.

PARA / PARA QUE

En frases con el mismo sujeto
- Las empresas desarrollan proyectos **para digitalizar** la información.

En frases con sujetos genéricos
- Hay que garantizar el acceso a internet **para mejorar** la calidad de vida.

En frases con sujetos diferentes
- Hemos diseñado una app **para que** la población de esta ciudad **ahorre** agua.

CONSEJOS Y VALORACIONES

Es bueno / importante / necesario / útil / conveniente
- *+ infinitivo*: **apoyar** la sostenibilidad.
- *+ subjuntivo*: **que** los gobiernos **apoyen** la sostenibilidad.

SENTIMIENTOS Y ESTADOS DE ÁNIMO

Expresar miedo, risa y vergüenza

me / te / le / ... **da** miedo / risa / vergüenza
- *+ infinitivo*
- **si / cuando** *+ indicativo*
- **que** *+ subjuntivo*

Expresar preocupación

me/te/le ... preocupa
- + infinitivo
- **que** + subjuntivo

me/te/le ... preocupan + sustantivo plural

EL IMPERFECTO PARA REACCIONAR ANTE NUEVA INFORMACIÓN

Para manifestar conocimiento, sorpresa o desconocimiento después de recibir una información.

● Los cirujanos usan gafas 3D para varios tipos de intervenciones.
○ No lo **sabía**.
▲ Yo **creía** que **se usaban** solo para ver películas...

5 Objetivos para un desarrollo sostenible (ODS)

A. ¿Conoces los Objetivos de Desarrollo Sostenible para el año 2030 de la ONU? Léelos en la siguiente ilustración.

08 **B.** Una periodista entrevista a varias personas sobre los objetivos de la Agenda ONU 2030. Escucha y completa la ilustración con los objetivos que faltan.

08 **C.** Ahora, vuelve a escuchar la audición y completa el cuadro con las propuestas y opiniones de las personas entrevistadas.

1	La entrevistada dice que tenemos que **dejar de utilizar** tantas energías no renovables. El entrevistado comenta que las empresas y las instituciones públicas tienen que **seguir invirtiendo** en las energías renovables.
2	El entrevistado comenta que tenemos que .... el empleo juvenil y la igualdad de condiciones y hay que .... por los derechos de todos los trabajadores.
3	La entrevistada comenta que su nieto quiere que .... productos que vienen de muy lejos.

D. En la audición los entrevistados mencionan algunas cosas que, en su opinión, se tendrían que **dejar de hacer** o **seguir haciendo** para lograr los ODS 7, 8 y 12. En grupos, ¿qué opináis sobre estos objetivos? ¿Cómo se podrían conseguir? Habladlo y escribid vuestras propuestas.

E. ¿Qué sentimientos te producen estos datos? Coméntalo con tus compañeros.

Más de 4 mil millones de personas no tienen acceso a internet, y el 90 por ciento de ellos viven en los países en desarrollo.

Si la población mundial llegase a alcanzar los 9600 millones en 2050, se necesitaría el equivalente de casi tres planetas para proporcionar los recursos naturales precisos para mantener el estilo de vida actual.

● *A mí me preocupa que tanta gente no tenga acceso a internet...*
○ *Sin duda. Pero a mí me da más miedo...*

6 Un mundo de Apps

09

Vas a oír los anuncios de tres Apps: ¿qué tipo de servicio ofrecen? ¿Cómo funcionan? Relaciona los servicios y las funciones de la derecha con la App correspondiente.

1. Turno en un clic
2. FitPeople
3. CreativosDigitales

aprendizaje online · chat interactivo · mapa interactivo · registro sin costo · inscribirse en un curso · reservar cita · ahorrar tiempo · encontrar ofertas

7 Concurso Apps Sostenibles

A. Tus compañeros y tú queréis participar en un concurso de diseño de Apps que fomenten un estilo de vida sostenible. Las propuestas tienen que ofrecer soluciones para uno de los siguientes temas. En grupos, compartid ideas y elegid un tema.

- Llevar un día a día más sostenible y luchar contra el desperdicio de recursos naturales.
- Facilitar la productividad en el trabajo.
- Informar y concienciar a los niños sobre el consumo responsable.

B. ¿Qué tipo de App se podría diseñar para el tema elegido? Habladlo y rellenad este cuestionario para definir las características de vuestro proyecto.

CONCURSO APPS SOSTENIBLES

DATOS BÁSICOS SOBRE EL PROYECTO

Nombre de la App: ....

Objetivo de la App: ....

Servicio que se ofrece: ....

¿A qué tipo de usuario se dirige? ....

Funcionamiento de la App (detalle de cómo se usaría la App):

....

¿Qué funciones necesita tu App?

☐ Localizador ☐ Calendario de eventos ☐ Chat

☐ Bluetooth ☐ Otra ....

Funcionalidades especiales o destacables:

....

Financiación de la APP:

☐ App gratis con publicidad ☐ App de pago

☐ Compras dentro de App ☐ Otro ....

Presupuesto estimado para desarrollar el proyecto:

☐ No necesitamos capital inicial ☐ Menos de 1000 € ☐ Más de 1000 €

¿De qué forma esta App pretende apoyar uno o algunos de los objetivos 7, 8, 9 o 12 de la ONU?

7 Energía asequible y no contaminante: ....

8 Trabajo decente y crecimiento económico: ....

9 Industria, innovación e infraestructura: ....

12 Producción y consumo responsables: ....

C. Redactad un texto de presentación de vuestro proyecto. No olvidéis utilizar los conectores para que vuestro discurso resulte bien organizado y más eficaz.

OS SERÁ ÚTIL...

En primer lugar, vamos a...
Además...
En segundo lugar, vamos a...
Incluso...
Por último, nos comprometemos a... **así como...**

D. Elegid un/a portavoz de cada grupo y ensayad la presentación de vuestro proyecto. Acordaos de la importancia de los gestos y de la entonación. Respecto a los gestos, ¿conocéis algunos gestos del español? Y en vuestro/s idioma/s, ¿qué gestos utilizáis mientras habláis? Comentadlo. Luego, mirad las ilustraciones. ¿Qué significado crees que tienen estos gestos? Asociad cada significado a la imagen correspondiente.

- *Yo creo que los gestos sí influyen en la comunicación. Además, los españoles utilizan muchos gestos cuando hablan, por ejemplo, cuando tienen frío...*
- *Sí, es probable... y yo creo que en mi país utilizamos gestos diferentes.*

explicar una idea | apoyar el discurso | persuadir a la audiencia | introducir una nueva idea

E. Ahora cada portavoz presenta la App a la clase. Podéis grabar en vídeo las intervenciones. Al final de las presentaciones, entre todos, elegid la presentación más innovadora.

ENTONACIÓN

- Eleva la voz para destacar los puntos interesantes.
- Baja la voz para terminar una intervención o crear expectación.
- Una pausa sirve para cambiar de una idea a otra y para dar énfasis a otra idea.

1 gente que busca empleo

1 Primeras palabras

¿Puedes relacionar estas palabras con las imágenes?

proceso de selección ....

conocimientos y formación ....

empatía ....

firma de un contrato ....

videocurrículum ....

reunión ....

2 Tu experiencia LA 1

Comenta con tus compañeros/as.

1. ¿Has buscado alguna vez empleo? ¿Cuándo? ¿Dónde?
2. ¿Qué pasos hay que realizar para encontrar un puesto de trabajo?
3. ¿Qué herramientas has utilizado para buscar trabajo? ¿Crees que funcionan?

● Yo, sí. Este verano he buscado trabajo en una tienda.
○ Yo, también. Lo primero que hay que hacer es escribir un buen currículum...

3 Ofertas de trabajo LA 1

A. Completa las dos ofertas de trabajo con las siguientes palabras. Luego, completa la tabla. Compara tus respuestas con las de un/a compañero/a.

contactar | se requiere | funciones | se ofrece (x2) | contrato | requisitos (x2) | se busca | dominio

iCultura
Jefe/a de Relaciones Públicas en Málaga (Ref.: 13488)

.... jefe/a de Relaciones Públicas.

Funciones principales:
- Gestionar la organización de eventos.
- Proponer y desarrollar la cultura digital en los nuevos proyectos de difusión cultural con diferentes empresas.
- Aconsejar y ofrecer apoyo a nuestros clientes en las necesidades referidas a la planificación de actos y eventos de diferente naturaleza.
- Estimular y crear nuevas políticas de servicios para los clientes.

..............................:
- Posibilidades de desarrollo profesional dentro de la empresa.
- Un gran ambiente de trabajo.
- .... indefinido.
- Formación inicial a cargo de la empresa.

Lugar de trabajo:
Málaga (España)

..............................:
- Incorporación inmediata a la empresa.
- Imprescindible inglés (se valorará un tercer idioma).
- Titulación universitaria en Ciencias de la Comunicación.
- Experiencia profesional mínima de 3 años.
- Capacidad de trabajo en equipo.
- Disponibilidad para cambio de residencia en el futuro.

.... **con:**
Carta de presentación a la atención de Ángel Portillo, Departamento de RR. HH de iCultura angelp@icultura.com.

BANCNOVO (Ref.: 0045)
Importante empresa del sector financiero precisa para su sede central de Valencia un Especialista en Marketing.

..............................:
Realizar previsiones de inversiones y desarrollar programas de asesoramiento financiero.

.... **imprescindibles:**
- Formación en Marketing.
- Especialización en mercadotecnia.
- Conocimiento de estrategias para orientar el negocio a B2C (marketing dirigido al consumidor).
- Capacidad para implementar procesos de digitalización.
- .... del inglés.

.... **preferenciales:**
- Experiencia mínima de 6 meses en este ámbito.
- Creatividad para plantear nuevas soluciones.
- Disponibilidad para viajar.

............................:
- Contrato temporal (6 meses) con período de pruebas de un mes, jornada completa.
- Posibilidad de ascenso.

Datos de contacto:
Enviar solicitud por correo electrónico a la Sra. María Jaén Cristal (mj.cristal@bancnovo.es).

¿En qué anuncio/s...	iCultura	Bancnovo	En los dos
1. se requiere conocimientos técnicos de mercado?			
2. se requiere un nivel alto de inglés?			
3. se necesita experiencia laboral?			
4. la empresa se encarga de la formación inicial?			
5. se ofrece la posibilidad de hacer carrera profesional en la empresa?			
6. se requiere empezar a trabajar inmediatamente?			

10

B. Escucha la conversación entre dos amigas, Violeta y Marta, y marca los aspectos que corresponden con el perfil de Violeta.

a. Violeta ha estado en Chile trabajando en una empresa de...
1. telecomunicaciones.
2. promoción y gestión de infraestructuras.

b. Ha adquirido experiencia laboral en el Departamento...
1. de contabilidad.
2. de planificación estratégica.

c. Violeta quiere...
1. tomarse una pausa del trabajo y estudiar.
2. trabajar en la empresa del hermano de Magdalena.

C. ¿Cuál de los dos anuncios de la actividad A podría ser más atractivo para Violeta? ¿Por qué? Coméntalo con un/a compañero/a.

D. Escribe la oferta de trabajo ideal para ti.

Se busca... Se requiere... Se ofrece...

4 La carta de presentación LA 2

Lee la carta de presentación de Violeta y complétala eligiendo entre las siguientes opciones.

Como puede ver en el CV adjunto | En espera de sus noticias | En relación con los idiomas | Me interesa mucho | Me dirijo a usted | quedo a su disposición

Estimado Sr. Fernando Portillo:

(1) .... con relación a la oferta de trabajo publicada en internet, para solicitar el puesto de jefe de Relaciones Públicas. (2) .... su oferta y creo reunir las condiciones requeridas.

(3) ...., terminé los estudios de Grado en Matemáticas en la Universidad de Granada y después realicé un máster relacionado con el puesto de trabajo que su empresa necesita. Además, ya tengo experiencia profesional en este sector porque hace unos meses trabajé durante medio año en un proyecto similar desarrollado en Chile. En la actualidad, estoy realizando un curso de formación en Comunicación y Relaciones Públicas que complementa mi formación técnica. (4) ...., poseo un buen nivel de inglés hablado y escrito.

Para cualquier información, (5) ....

(6) .... le saludo muy atentamente.

Violeta Gómez Sanz

Anexo: CV

5 Buscando a la persona perfecta LA 3

11

A. La empresa iCultura está seleccionando a un/a jefe/a de Relaciones Públicas. Escucha la conversación entre el director de RR. HH. y la gerente de la empresa, y toma nota de los adjetivos que describen a las candidatas.

Violeta	Marina

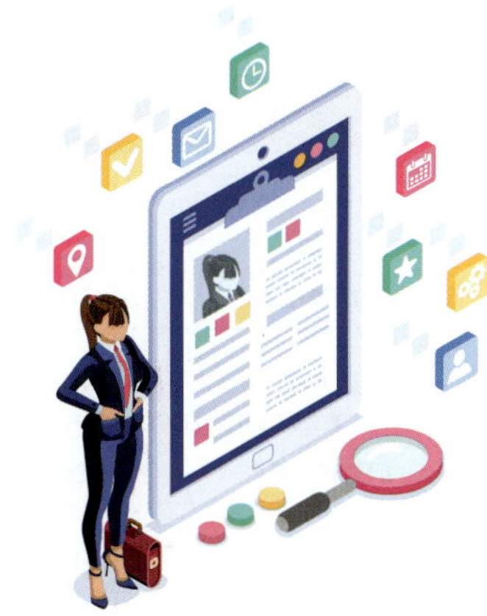

B. Escribe la forma masculina de los adjetivos de la actividad anterior.

C. Piensa en los cuatro adjetivos que mejor te describen a nivel profesional o como estudiante y los que mejor describirían a tu jefe/a ideal. Luego, compártelos con un/a compañero/a y justifica por qué has elegido estos adjetivos.

● *Creo que soy bastante comprometido/a porque me encanta aprender...*

Yo soy

Mi jefe/a ideal sería

6 Momentos importantes en una carrera profesional LA 3

Une las frases como en el ejemplo usando las siguientes estructuras.

en aquel momento	enseguida	unos meses antes
dos años más tarde	al cabo de unos días	en aquella época

Para mí fue muy interesante el período de prácticas / Pude aplicar los contenidos adquiridos durante mis estudios.
*Para mí fue muy interesante el período de prácticas, **en aquel momento** pude aplicar los contenidos adquiridos durante mis estudios.*

1. Presenté la documentación al mediodía / Por la tarde ese mismo día me llamaron por teléfono.
   ....
2. Visité personalmente todas las empresas / En los años ochenta no había internet para buscar trabajo.
   ....
3. Terminé el máster en junio de 2015 / En abril de 2015, había contactado ya con la empresa en la que actualmente trabajo.
   ....
4. Tuve la entrevista de selección el 17 de marzo / El 20 de marzo recibí la respuesta positiva de la empresa.
   ....
5. Participé en el plan de unificación de la empresa en el año 2017 / En 2019 me trasladé a la sede central.
   ....

7 Querría saber... LA 3, 4 y 5

Completa estas tablas con las formas de condicional.

Verbos regulares		
aceptar	aceptar-	-ía
rechazar	rechazar-	......
gustar	gustar-	......
conocer	conocer-	-íamos
aprender	aprender-	......
recibir	recibir-	.....

Verbos irregulares		
poder	podr-	-ía
....	sabr-	......
....	har-	......
querer	querr-	-íamos
....	tendr-	......
....	dir-	.....

8 ¡Se hace así! LA 2, 3 y 4

Este es el chat en el que Sol le comenta a su primo Enrique los pasos que ha dado para conseguir un puesto de trabajo. Complétalo con los verbos en pasado.

Enrique: Hola, Sol. ¡Enhorabuena! Hoy me (decir) .... mi hermana que has conseguido el puesto de Directora de Ventas que tanto (querer) .... ¿Cómo lo has conseguido?

Sol: Hola, Enrique. Sí, sí, estoy muy contenta. 🙂 Bueno, te cuento...

Enrique: Sí, por favor, yo también estoy buscando trabajo.

Sol: Hace un mes (pensar) .... que (tener) .... que tener claro el trabajo que me gustaba. Después, (cuidar) .... un poco mi marca personal, vamos, que aumenté mi actividad en LinkedIn. También diversifiqué la búsqueda, (leer) .... un día antes un artículo que lo (recomendar) .... También (ir) .... directamente a portales de empleo y activé algunas alertas.

Enrique: Pero ¡qué lista eres! 😉

Sol: Bueno... 😊 . Pero, además, (consultar) .... la página web de la empresa en la que voy a empezar a trabajar el lunes. Allí (ver) .... una oferta que me interesaba. Entonces, (hacer) .... un CV atractivo, así como una carta de presentación que (mostrar) .... que conocía un poco la empresa. Lo (enviar) .... todo hace 15 días. Hace una semana me llamaron para realizar una entrevista y hace dos días me (comunicar) .... que yo era la persona elegida. 😛

Enrique: Sol, ¡eres un hacha! Tenemos que celebrarlo. 😁 Yo creo que voy a hacer también algo similar. 😘

Sol: Sí, ¡tenemos que celebrarlo! 😘

9 **La vida de Pedro Duque** LA 4

Lee los datos biográficos de Pedro Duque y contrástalos con los tuyos o con acontecimientos sobre tu país o sobre el mundo. Usa expresiones para situar en el tiempo como **en aquella época, aquel año, ese mismo año**.

Pedro Duque es un ingeniero aeronáutico, astronauta y político, conocido principalmente por haber sido el primer astronauta de nacionalidad española.

Pedro Duque nació en 1963, en Madrid.

Yo, en 1963, todavía no había nacido y creo que en aquella época no había internet...

1. En 1986 terminó sus estudios universitarios con nota media de 10.
....

2. En 1992 comenzó su formación como astronauta en la Agencia Espacial Europea.
....

3. En 1998 pasó nueve días en el espacio en su primera misión espacial.
....

4. En 2010 fue el director general de una empresa especializada en sistemas de observación de la Tierra.
....

5. En 2011 volvió a la Agencia Espacial Europea, como ministro de Ciencia, Innovación y Universidades del Gobierno donde dirigió proyectos de gran importancia.
....

6. En 2018 comenzó su tarea como ministro de Ciencia del Gobierno de España.
....

10 **Situaciones hipotéticas** LA 1, 2, 3 y 5

A. ¿Qué harías en las siguientes situaciones? ¿Por qué? Responde a las preguntas individualmente y después coméntalas con un/a compañero/a para saber qué haría él/ella.

- *Imagina que te ofrecen un puesto de trabajo interesante en otro país del que no hablas la lengua...*
- *Yo aceptaría, soy joven y siempre es bueno tener experiencias internacionales.*
- *Pues, yo no lo aceptaría porque...*

1. Te ofrecen un trabajo interesante en otro país, pero no hablas la lengua del lugar.
....

2. Te ofrecen un puesto de dirección en una empresa con muy buen sueldo, pero tienes que trabajar entre 50 y 60 horas semanales.
....

3. Te ofrecen un trabajo de solo 20 horas semanales.
....

4. Te ofrecen un trabajo en una empresa internacional en el que tienes que viajar mucho.
....

B. Imagínate que estás buscando trabajo, ¿lo estás haciendo bien? Haz el siguiente test: selecciona las cinco técnicas de búsqueda de empleo que adoptarías. Luego, suma los puntos obtenidos y comprueba si eres un/a buen/a buscador/a de empleo. ¿Estás de acuerdo con la valoración obtenida? Coméntalo con tu compañero/a.

¿CÓMO BUSCARÍAS TRABAJO?

- [ ] a. **Hablaría** con familiares y conocidos para pedirles apoyo o información para encontrar empleo.
- [ ] b. **Buscaría** empleo e información sobre empresas a través de internet.
- [ ] c. **Conseguiría** direcciones de empresas y **enviaría** currículums por correo electrónico.
- [ ] d. **Me presentaría** en persona en las empresas.
- [ ] e. **Prepararía** las respuestas para algunas de las preguntas más frecuentes en una entrevista.
- [ ] f. Al mismo tiempo que busco trabajo, **realizaría** cursos de formación relacionados con las ofertas de empleo que más me interesan.
- [ ] g. **Revisaría** periódicamente las ofertas en la prensa y **presentaría** mi solicitud para cualquier oferta de empleo.
- [ ] h. Además de buscar trabajo, **colaboraría** o **participaría** como voluntario en una ONG.
- [ ] i. **Me informaría** muy bien sobre la empresa y adaptaría mi currículum a la oferta de trabajo.

PUNTOS POR CADA RESPUESTA

a) 2 puntos b) 2 puntos c) 3 puntos d) 0 puntos e) 3 puntos f) 3 puntos g) 0 puntos h) 2 puntos i) 3 puntos

RESULTADOS Y VALORACIÓN

Más de 12 puntos: Eres de los/as mejores buscadores/as de empleo.
Entre 9 y 12 puntos: Buscas empleo muy bien. Utilizas muy bien las técnicas de búsqueda, pero puedes mejorar.
Entre 6 y 8 puntos: Debes mejorar mucho en la búsqueda de empleo.

C. ¿Se te ocurre otra técnica de empleo que puede ser eficaz? Háblalo con tu compañero/a y presentadla al grupo.

- *Yo pondría anuncios en todos los establecimientos de mi barrio.*
- *Pues yo usaría las redes sociales...*

11 El ambiente laboral en España

12

A. En el trabajo, cada país tiene una cultura distinta. Escucha la experiencia de estas dos personas de diferentes nacionalidades que hablan sobre las cosas que les sorprendieron en sus primeros puestos de trabajo en España y responde a las siguientes preguntas.

	¿Cómo es la relación con sus jefes?	¿Le gusta la relación con sus jefes en España?
Pierre Cam (francés)	*Tienen buena relación. La relación es más cercana y menos distante que en su país.*	
Carolina Ramírez (colombiana)		

12

B. Lee las siguientes afirmaciones e indica a qué país corresponden. Luego, vuelve a escuchar el audio y comprueba tus respuestas.

Afirmaciones	COLOMBIA	FRANCIA	ESPAÑA
1. La jornada laboral es de 35 horas semanales.			
2. Por la mañana suele haber un descanso para el café, se usa para socializar con los compañeros.			
3. Normalmente, jefes y empleados se tutean.			
4. A menudo, se utilizan los títulos académicos para dirigirse a los directivos.			

C. ¿Conocías estas informaciones? ¿Qué similitudes y diferencias hay entre las relaciones con jefes y compañeros y los horarios de trabajo de estos países y los de tu país? Coméntalo con un/a compañero/a.

- *Yo pensaba que la jornada laboral en España era de 35 horas semanales. Me ha sorprendido bastante.*
- *Pues yo creía que...*

12 Vocabulario de la unidad

Haz en tu cuaderno un mapa mental con el vocabulario aprendido en esta unidad. Aquí tienes una propuesta.

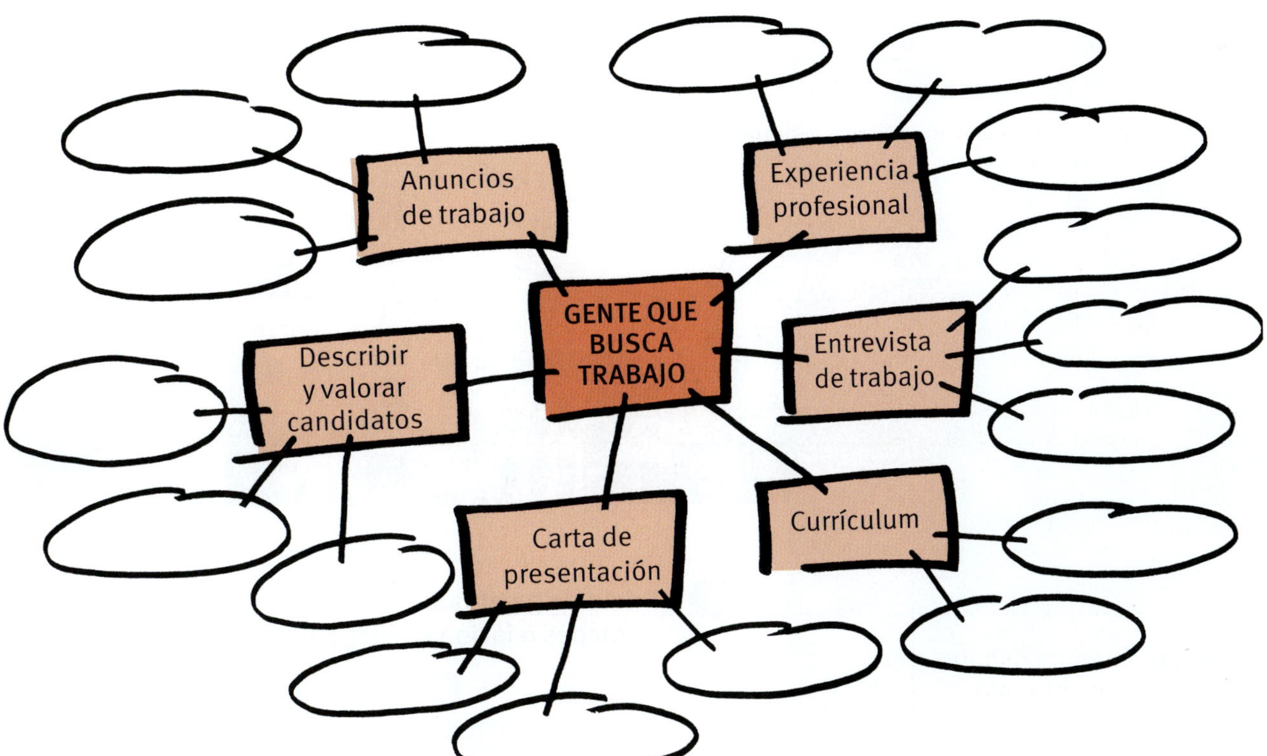

2 gente de empresa

1 Primeras palabras

¿Puedes relacionar estas palabras con las imágenes?

presentación .... startup ....

crecimiento .... sector primario ....

campaña publicitaria .... catálogo de productos ....

2 Tipos de empresas LA 1, 2

A. Completa el esquema con las siguientes palabras.

mediana · sector · sociedad anónima · pública · provincial · multinacional · mixta · nacional · tamaño · sociedad limitada · secundario

TIPOS DE EMPRESAS

- **Lugar de desarrollo de la actividad**
  - Empresa local
  - Empresa ....
  - Empresa regional
  - Empresa ....
  - Empresa ....
- **Titularidad**
  - ....: capital del Estado.
  - Privada: capital de inversores privados.
  - ....: capital de inversores privados y Estado.
- **............. (por el n.° de empleados)**
  - Microempresa: menos de 10 empleados
  - Pequeña: menos de 50
  - ....: entre 50 y 499
  - Grande: más de 500
- **......................**
  - Primario: obtención de materias primas.
  - ....: transformación de materias primas a través de procesos industriales.
  - Terciario: producción de bienes inmateriales o servicios.
- **Propiedad**
  - Individual
  - ....: varios propietarios que poseen acciones que pueden cotizarse en Bolsa.
  - ....: varios propietarios con participaciones, cada socio/a necesita de la aprobación de los demás.

B. ¿A qué sector pertenece cada uno de los siguientes subsectores? Relaciónalos. Luego, añade otros subsectores.

energético · ganadero · industrial · transporte · comunicaciones · comercial · pesquero · construcción · agrícola

SECTOR PRIMARIO	SECTOR SECUNDARIO	SECTOR TERCIARIO
....	....	....
....	....	....
....	....	....
....	....	....
....	....	....

C. Compara tus respuestas al punto B con las de un/a compañero/a: ¿conocéis empresas que pertenecen a estos subsectores?

- *El subsector energético, ¿a qué sector pertenece?*
- *Pertenece al sector secundario y una empresa española muy importante de este subsector se llama Iberdrola.*

3 Prácticas LA 1, 2

13

A. Ana es estudiante de Biomedicina y acaba de terminar unas prácticas en una empresa en Costa Rica. Escucha la conversación que tiene con un compañero y completa la información que falta.

Nombre de la empresa: ....

¿A qué se dedica la empresa? ....

¿A qué sector/subsector pertenece? ....

¿Qué tamaño tiene? ....

¿En qué lugar desarrolla su actividad? ....

B. Y tú, ¿has hecho unas prácticas en alguna empresa? Si nunca has hecho unas prácticas, ¿en qué empresa te gustaría hacerlas? ¿Qué objetivos te gustaría conseguir? En parejas, un/a compañero/a cuenta su experiencia o habla de sus deseos y el/la otro/a toma notas de la información respecto a los siguientes temas.

● *Yo hice una práctica en 2019 en una empresa farmacéutica...*
○ *Pues, yo haré una práctica este verano en una empresa multinacional... y quiero aprender a...*

Nombre de la empresa	Propiedad y titularidad
Sector y productos	Lugar donde desarrolla su actividad
Tamaño	Objetivos de las prácticas

4 No es lo mismo una startup que una pyme LA 4

A. Lee la definición de startup y de pyme, y piensa en algunas empresas de tu país con estas características. Puedes buscar información en internet si lo necesitas. Luego, comparte tus ejemplos con un/a compañero/a.

Una **startup**, o empresa emergente, es una organización con gran capacidad de cambio, que desarrolla productos o servicios de gran innovación cuyo diseño y comercialización están orientados completamente al cliente. Una startup hace uso de tecnologías digitales para dirigirse al mercado global y mantener una comunicación continua y abierta con los clientes.

Una **PYME** (acrónimo de pequeña y mediana empresa) es una empresa que tiene un número reducido de trabajadores y que registra ingresos moderados. Su ámbito de actuación suele ser local o, a grandes rasgos, nacional.

B. En parejas, leed las siguientes afirmaciones y señalad si se refieren a una startup o a una pyme. Podéis consultar internet si lo necesitáis.

	STARTUP	PYME
1. VISIÓN DEL PROYECTO Y CRECIMIENTO		
Los fundadores tienen la idea de cambiar el mundo con su empresa, la visión de convertirse en referentes a nivel mundial con sus productos. Es una empresa diseñada para crecer rápidamente.		
Un emprendedor que monta este tipo de empresa piensa, sobre todo, en desarrollar un negocio que le permita ganar dinero.		
2. MERCADO		
Su actividad se centra en un mercado local y a pequeña escala.		
Este tipo de empresa se dirige a un mercado global.		
3. MODELO DE NEGOCIO		
Antes de constituirse la empresa, se tiene claro qué quiere ser (por ejemplo, una cafetería, una tienda, etc.), y a partir de este modelo empieza a desarrollarse.		
Una vez que cuente con una idea con potencial y los recursos básicos para desarrollarla, la empresa tiene que determinar su modelo de negocio.		
4. INNOVACIÓN Y RIESGOS		
La innovación no es su prioridad, mejor caminar paso a paso para "pisar firme".		
Apuesta por el "todo o nada": debe crecer hasta dominar un nicho de mercado y ser adquirida por un tercero. Por lo tanto, su tasa de supervivencia suele ser menor que la de otro tipo de empresa.		
5. EMPLEO		
Cuenta con equipos en los que los socios disponen de diferentes habilidades que se complementan.		
Suele tener un único fundador y de media unos cuatro trabajadores.		

5 Startup de éxito LA 4, 5

A. Completa la siguiente infografía con el imperativo (forma de *tú*) de los verbos entre paréntesis. Luego, añade uno o más consejos para crear una startup de éxito y coméntalos con un/a compañero/a.

Consejos para crear una startup y no morir en el intento

1. .... (encontrar) una idea brillante.
2. .... (rodearse) de un buen equipo de trabajo
3. No .... (gastar) más de lo que tienes.
4. .... (presentar) tu proyecto a posibles inversores.
5. .... (tener) una relación cercana con los clientes.
6. .... (recordar) que los errores sirven para aprender.
7. .... (adaptarse) a las novedades del mercado.
8. ....

B. Aquí tienes otros consejos para crear una startup de éxito. Relaciona cada elemento con la recomendación correspondiente. Después subraya en cada frase el imperativo y el pronombre utilizado.

la idea | el miedo | la inversión inicial | los compañeros | las necesidades de la sociedad | los sueños

1. ....
¡No las olvides! La startup ofrece una solución real a un problema que afecte a una colectividad.

2. ....
Búscalos y asegúrate de contar con un buen equipo.

3. ....
¡Hazla realidad! Solo hay una vida, así que vive, disfrútala.

4. ....
¡Persíguelos! Lucha por ellos. No va a ser fácil, pero inténtalo.

5. ....
¡No lo tengas! Controla la inseguridad.

6. ....
¡No la consideres absolutamente necesaria! A veces, solo hace falta convencer a un inversor.

C. Sois unos amigos que recientemente habéis creado una startup. Para hacer publicidad de la empresa decidís presentarla en un programa de radio que se dedica a informar sobre nuevos proyectos que desarrollan jóvenes emprendedores. Tenéis dos minutos a disposición. Escribid la presentación.

14

D. Dos compañeros de la universidad, Mónica y Arturo, han creado una App y la universidad los ha invitado a presentarla en clase. Unos días antes de la presentación, charlan sobre los últimos detalles. Escucha y contesta: ¿qué tipo de empresa han creado? ¿Qué servicio ofrece? ¿Cuáles son sus clientes más importantes? Luego, compara tus respuestas con las de un/a compañero/a.

E. En la conversación, aparecen algunas formas verbales en futuro de indicativo. Completa el cuadro con las formas que faltan. ¿Puedes formular una regla para explicar cómo se construye este tiempo verbal?

	Formas regulares			Formas irregulares		
yo	daré	....	hablaré	....	pondré	....
tú	....	seguirás	....	dirás	....	harás
él/ella, usted	....	....	....	....	....	....
nosotros/as	....	....	....	....	....	....
vosotros/as	....	....	....	....	....	....
ellos/as, ustedes	....	....	....	....	....	....

6 La publicidad en el futuro LA 5

A. Lee el texto y complétalo con la forma adecuada (presente o futuro) de los verbos entre paréntesis.

LA PUBLICIDAD DEL FUTURO

Durante los últimos años, el sector de la publicidad ha evolucionado vertiginosamente. Como consecuencia de estos cambios, ha aumentado la cantidad de impactos que los usuarios reciben a diario, especialmente a través de los dispositivos móviles, que nos acompañan en nuestro día a día. A continuación, se presentan algunas características de la publicidad del futuro.

Protagonismo del vídeo e inversión publicitaria en los dispositivos móviles
La mayoría de los expertos coincide en que, dentro de un plazo máximo de dos años, el vídeo .... **(ser)** el formato estrella en la publicidad. En los próximos años, las empresas .... **(tener)** un enorme desafío: impactar en el consumidor a través de vídeos de menos de 10 segundos. Además, ... **(deber)** realizar una inversión publicitaria importante en los dispositivos móviles, sobre todo en los teléfonos inteligentes.

Publicidad inteligente
En la actualidad, los usuarios .... **(recibir)** contenidos a medida mientras navegan en internet. Pero los expertos de *marketing* aseguran que pronto se .... **(desarrollar)** una publicidad inteligente que .... **(reconocer)** a los usuarios como personas. Así los usuarios .... **(recibir)** contenidos a medida en el lugar, en el momento y, por supuesto, en la plataforma adecuada.

Publicidad nativa
La publicidad nativa .... **(tener)** protagonismo en el futuro. Su gran ventaja es que no se .... **(percibir)** como publicidad al adaptarse perfectamente al medio donde aparece. El usuario la .... **(ver)** como menos intrusiva que la publicidad tradicional.

B. Y tú, ¿qué opinas? ¿Cómo será la publicidad en el futuro? Con un/a compañero/a contesta a las preguntas.

1. ¿Cómo será la publicidad en el futuro?
2. ¿Qué tipo de soporte tendrá mayor eficacia?
3. ¿Habrá publicidad en papel?
4. ¿Será un buen ámbito para trabajar profesionalmente?

- Pienso que será intrusiva y muy agobiante. Estaremos muy controlados.
- Yo opino que la publicidad en papel siempre existirá.

7 Descripción de objetos de un estand en una feria LA 7

15

A. Dos dependientes de una empresa están organizando el estand en una feria. Escucha la conversación y completa el cuadro con la información que falta.

Nombre del objeto	Material	Utilidad	Funcionamiento
Expositor	....	Sirve para colocar la documentación de la empresa y los productos.	Tiene iluminación. Necesita un enchufe.
....	Varios materiales	....	....
....	De tela y con el pie de plástico	Sirven para impactar en los clientes potenciales de una manera llamativa.	Se montan con el soporte de plástico.
3 mesas y 5 sillas	....	....	X

B. Para mejorar la efectividad del estand de Clara y Esteban, se necesitan algunos objetos más. En parejas, escribid los objetos que asociáis a cada frase.

1. Algunos objetos que **sirvan** para decorar el espacio. -> Un póster de la última campaña publicitaria de la empresa...
2. Un objeto que se **use** para ver el vídeo de presentación de la empresa.
3. Algo que **sea** representativo de la empresa.
4. Unos objetos que se **puedan** regalar a los clientes.
5. Unos muebles cómodos para que los clientes **puedan** consultar nuestros catálogos.

C. Ahora, completa el cuadro con las formas que faltan del presente de subjuntivo. ¿Puedes formular una regla para recordar cómo se construye este tiempo verbal? LA 6

servir		usar		ser		poder	
indicativo	subjuntivo	indicativo	subjuntivo	indicativo	subjuntivo	indicativo	subjuntivo
sirvo		uso	use	soy		puedo	pueda
sirves	sirvas	usas		eres	seas	puedes	
sirve		usa		es		puede	
servimos	sirvamos	usamos	usemos	somos		podemos	
servís	sirváis	usáis	uséis	sois		podéis	
sirven		usan		son	sean	pueden	puedan

8 Deseos e intenciones

A. Imagínate en estas situaciones y escribe frases explicando tus deseos e intenciones. Utiliza las dos opciones como en el ejemplo.

1. participar en un proyecto empresarial nuevo
2. asistir a una feria comercial
3. lanzar un nuevo producto al mercado

Yo quiero participar en un proyecto empresarial nuevo relacionado con el *marketing* digital. Y deseo que el proyecto empresarial sea internacional.

YO QUIERO/DESEO...

\+ infinitivo
\+ **que** + ... + presente de subjuntivo

B. Escribe otras cinco frases con las mismas estructuras explicando tus deseos e intenciones sobre tu futuro laboral.

9 Se lo presenté en la feria

A. La empresa El oro líquido escribe un correo electrónico de seguimiento después de la feria. Lee la carta y complétala eligiendo entre las siguientes opciones.

1. Queremos agradecerle el tiempo dedicado a nuestro estand en la pasada edición de la Feria Expoliva
2. no dude en ponerse en contacto con nosotros
3. Aprovechamos la ocasión para recordarle
4. En respuesta a su petición

De: ceo@eloroliquido.dif

Para: gutierrez@comunicacion.dif

Asunto: agradecimiento y catálogo

Apreciada Sra. Gutiérrez:

.... y también mostrarle nuestra satisfacción por haber sido merecedores de su atención.

Para nosotros ha sido una feria muy importante. Hemos aprovechado para presentar nuestro nuevo catálogo y nuestra nueva campaña publicitaria en las redes sociales orientada a generar el crecimiento de nuestra imagen y marca. También ha sido la ocasión para crear nuevos contactos con clientes potenciales.

...., nos complace enviarle tanto el catálogo de nuestra nueva colección como la lista de precios en formato PDF. A lo largo de esta semana, **se los** vamos a enviar en papel junto con algunas muestras de nuestros productos.
.... que para pedidos superiores a 10 000 € se le ofrecería un descuento del 3 % sobre el precio de catálogo. Esta oferta **se la** podemos garantizar 30 días a partir de la fecha de emisión de esta carta.
Para cualquier duda o consulta, ...

Esperando que la Feria Expoliva haya sido provechosa para sus intereses y quedando a su entera disposición, nos despedimos cordialmente,

Alejandro Ruiz de Soto
CEO

Anexo: catálogo y lista de precios

B. Fíjate en las formas que aparecen en negrita en el correo electrónico: ¿a qué se refieren? Subraya los complementos de objeto directo e indirecto.

C. El representante de ventas de la empresa hace algunas preguntas al secretario del señor Ruiz de Soto. Escribe las respuestas usando los pronombres adecuados como en el ejemplo.

1. ¿Nuestros representantes han presentado ya nuestro nuevo catálogo a la señora Gutiérrez?
   Sí, se lo han presentado en la feria.
2. ¿Se han enviado ya el catálogo y la lista de precios a la señora Gutiérrez?
   ....
3. ¿Se han enviado ya unas muestras de los productos a la atención de la señora Gutiérrez?
   ....
4. En el correo de seguimiento después de la feria, ¿la empresa ha propuesto al potencial cliente unas condiciones de descuento?
   ....

10 **Vocabulario de la unidad**

Haz en tu cuaderno un mapa asociativo con el vocabulario aprendido en esta unidad. Aquí tienes una propuesta.

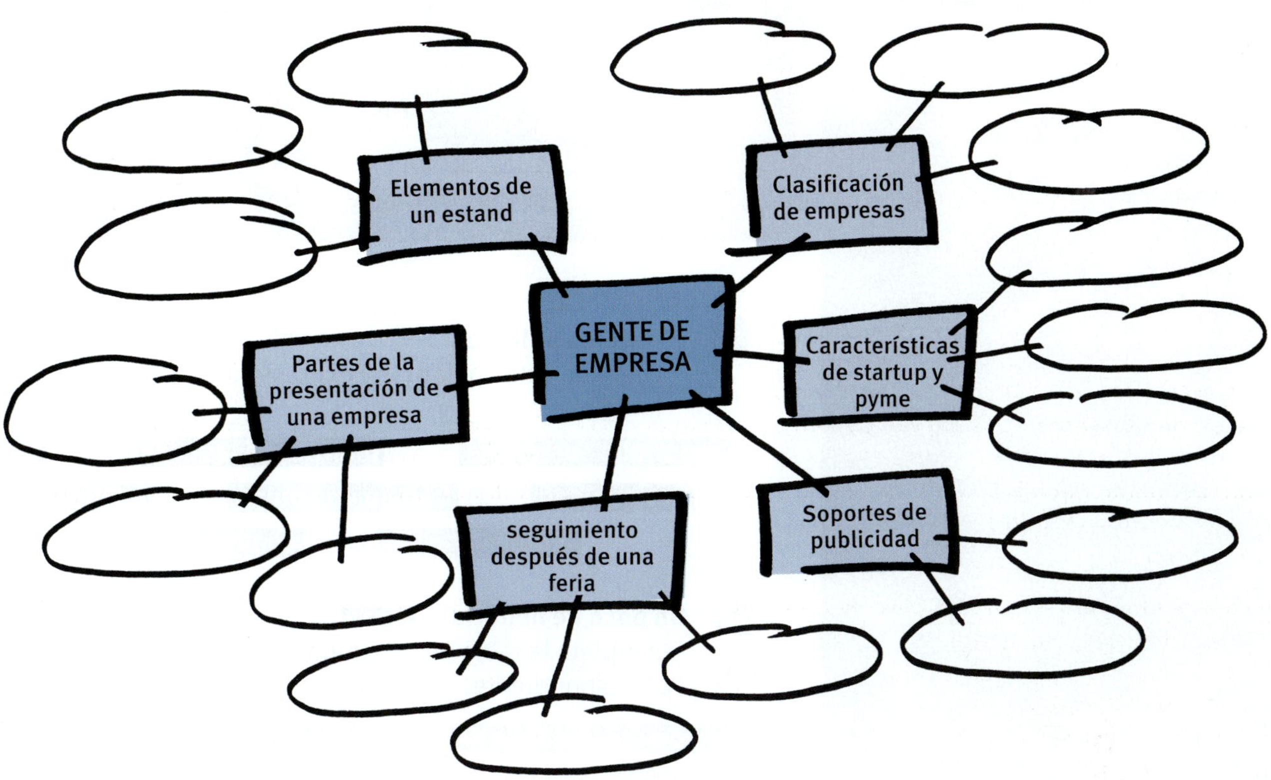

3 gente sostenible y 4.0

1. Primeras palabras
2. Un poco de historia
3. Efectos de las revoluciones industriales
4. Estudios y profesiones 4.0
5. Las maravillas de las TIC
6. La digitalización en la vida cotidiana
7. Entrevista a gente con ideas
8. Opiniones acerca de la 4ª revolución industrial
9. Objetivos y metas
10. Consejos para un mundo sostenible
11. Proyectos comprometidos
12. Formación continua
13. Vocabulario de la unidad

1 Primeras palabras

Fíjate en estas palabras y expresiones. ¿Puedes asociarlas con las imágenes?

desarrollo sostenible .... internet de las cosas .... reciclaje ....
desigualdad .... trabajo en equipo .... impresoras 3D ....
automatización .... analista de datos ....

2 Un poco de historia LA 1

Completa la tabla en la página siguiente con la información correspondiente. Si es necesario, consulta internet.

a mediados del siglo XX | la cadena de montaje | la digitalización
en la actualidad | segunda mitad del siglo XIX | el carbón
la electricidad | la mecanización

	Primera revolución industrial	Segunda revolución industrial	Tercera revolución industrial	Cuarta revolución industrial
¿Cuándo?	Mitad del siglo XVIII	....	....	....
¿Cómo?	....	La producción en masa y	La electrónica y la automatización	....
¿Con qué?	El vapor y	....	La informática	Los sistemas ciberfísicos y las TIC

❸ Efectos de las revoluciones industriales LA 1

Escribe los efectos que las revoluciones industriales tuvieron en la producción industrial. Puedes encontrar la información en la actividad 1.C (página 25).

- 1ª revolución industrial → Un gran aumento de la producción. ....
- 2ª revolución industrial → ....
- 3ª revolución industrial → ....
- 4ª revolución industrial → ....

❹ Estudios y profesiones 4.0 LA 2

Completa la siguiente tabla con los nombres de las profesiones correspondientes. Escribe las formas masculina y femenina.

Estudios universitarios	Profesiones	Especialización
Ingeniería Industrial	....	especializado/a en robots
Ingeniería Informática	....	experto/a en sensores
Ciencias Matemáticas	....	especializado/a en *big data*
Ciencias Físicas	....	experto/a en impresión 3D

❺ Las maravillas de las TIC LA 3

A. Mira las imágenes y escribe el nombre de la tecnología a la que hace referencia cada una.

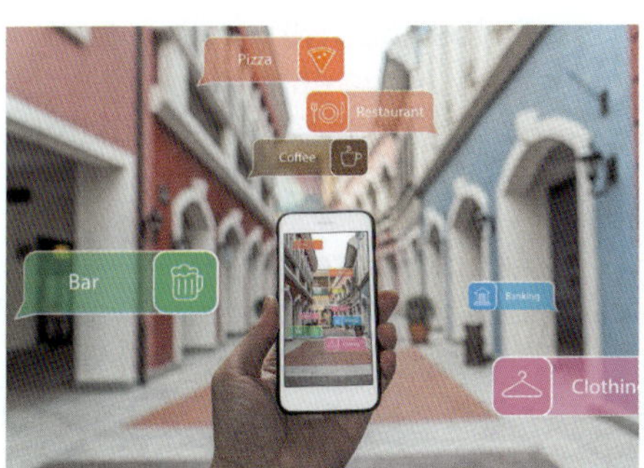

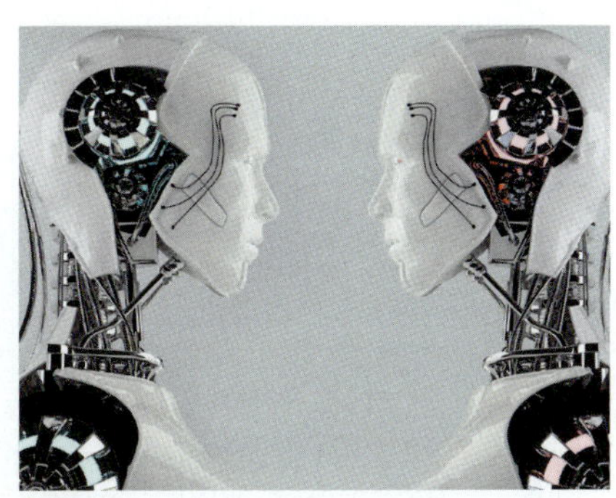

① .... ② .... ③ ....

B. Lee las descripciones de tres proyectos relacionados con las TIC. ¿Cuáles de las tecnologías de la actividad A requiere cada proyecto?

Empresa México
Pueden funcionar 24 horas al día, 7 días a la semana. Son pequeños, se adaptan al entorno y ofrecen soluciones para la industria, realizando muchas tareas, tales como soldar, cortar, pintar, etc.

Stop pesca ilegal
Los satélites espaciales registran gran cantidad de datos sobre el movimiento de los barcos de pesca: cómo se mueven, adónde van, a qué velocidad navegan, etc. Esta información es muy útil para saber qué actividad realiza un barco en una determinada zona y luchar contra la pesca ilegal.

Calzados Berja
Los clientes potenciales pueden interactuar con cada producto, pasando más tiempo en la tienda online. Se calcula que al menos la mitad de ellos están dispuestos a pagar más por cada producto si pueden obtener una vista previa de él. Esto hace que los clientes puedan tomar mejores decisiones y ahorrar tiempo.

C. Busca en internet otro proyecto basado en el uso de las TIC y escribe una descripción.

Nombre del proyecto: ....

Dirección de internet: ....

Descripción: ....

6 La digitalización en la vida cotidiana LA 3

A. Con la digitalización, ¿qué cosas están cambiando? Piensa en cómo se hacían las cosas antes y en cómo se hacen ahora. Mira el ejemplo y escribe sobre estos temas propuestos u otros.

- Información sobre servicios (tiempo, tráfico, horarios comerciales, etc.)
- Reservar algo (billetes, entradas, etc.)
- La comunicación personal y profesional (con familia, amigos, universidad, etc.)
- Realizar gestiones administrativas (banco, documentos oficiales, etc.)

Antes era muy difícil conocer la previsión del tiempo, por ejemplo, cuando queríamos organizar una excursión o hacer un viaje. Ahora, en nuestro teléfono podemos tener esa información con mucha exactitud.

B. Esta es la situación que tenía una oficina en los años 80 y la que tiene actualmente. ¿Qué cosas se han dejado de hacer? ¿Qué cosas se siguen haciendo? Escribe frases con las perífrasis **dejar de** + infinitivo, **seguir** + gerundio y con **ahora** + presente.

En los años 80
- Se usaba el teléfono fijo.
- La información se guardaba en almacenes físicos.

Actualmente
- Se usan el ordenador, las tabletas y los teléfonos inteligentes.
- La información se guarda en la nube.

En la oficina moderna se ha dejado de usar el teléfono fijo...

7 Entrevista a gente con ideas LA 4

A. Los siguientes textos pertenecen a una entrevista realizada a David Sandoval, fundador de una empresa de camisería a medida. Fíjate en las expresiones destacadas y elige la opción correcta.

1. Su formación es la de ingeniero informático y la idea de la firma de camisas empezó en el salón de la casa de su madre, **pero...** / **por eso...** ¿cómo se le ocurrió a un grupo de amigos en el 2016 poner en marcha un negocio tan complicado?

2. Pensamos que, mejorando los procesos actuales a través de la tecnología, podríamos abaratar los costes para conseguir un precio final asequible. **Sin embargo** / **Así que** surgió la idea de esta forma, y empezamos a investigar.

3. La confección se encuentra informatizada con un software específico que digitaliza las medidas de la camisa del cliente y nos avisa **incluso** / **ahora bien** si se cometen errores en esas medidas.

4. Buscamos con todo esto la personalización del producto final, de forma que el cliente ve que su camisa es algo único, algo que nadie más tiene, un lujo. **Sin embargo** / **En cuanto a eso**, un lujo que se puede disfrutar.

16 **B.** Ahora escucha la entrevista y comprueba tus respuestas.

8 Opiniones acerca de la 4ª revolución industrial LA 3, 4

A. Estas son algunas de las opiniones de expertos sobre la cuarta revolución industrial. Y tú, ¿qué opinas? Completa las frases.

"Esta cuarta revolución industrial mejorará la productividad, el crecimiento y el bienestar social."
Beatriz González, Empresa Gestamp

"En el pasado, la revolución tecnológica cambió lo que hacíamos. Ahora nos cambia a nosotros. Cambia nuestra identidad."
Klaus Schwab, Presidente del Foro Económico Mundial

1. Yo creo/pienso que ....
2. Tal vez/Quizá (s) ....
3. No estoy seguro/a de que ....
4. (No) es probable/posible que ....

17 **B.** Escucha las opiniones de algunas personas sobre el *big data*. ¿Quién está a favor y quién en contra? ¿Qué argumentos usa cada una?

	a favor	en contra	argumentos
Victoria	☐	☐	....
Laia	☐	☐	....

C. Y tú, ¿qué opinas sobre el *big data*? Coméntalo con tus compañeros y reacciona según tus propios puntos de vista.

No estoy muy seguro/a de eso | Sin duda | Desde luego | Sí, yo también lo creo | (Yo) no lo creo | No, qué va | No, de ninguna manera

9 **Objetivos y metas** LA 5

A. Completa los objetivos de desarrollo sostenible con las palabras que faltan.

1. FIN DE LA ....
2. .... CERO
3. SALUD Y ....
4. EDUCACIÓN DE ....
5. IGUALDAD DE ....
6. AGUA LIMPIA Y ....
7. .... ASEQUIBLE Y NO CONTAMINANTE
8. TRABAJO DECENTE Y .... ECONÓMICO
9. ...., INNOVACIÓN E INFRAESTRUCTURA
10. .... DE LAS DESIGUALDADES
11. CIUDADES Y COMUNIDADES ....
12. .... Y CONSUMO SOSTENIBLES
13. ACCIÓN POR EL ....
14. VIDA ....
15. VIDA DE .... TERRESTRES
16. PAZ, ... E INSTITUCIONES SÓLIDAS
17. .... PARA LOGRAR LOS OBJETIVOS

B. Asocia cada uno de los siguientes problemas con uno de los objetivos de desarrollo sostenible de la ONU para el año 2030 de la actividad anterior.

A En algunos países africanos de bajos ingresos, las limitaciones de infraestructura reducen la productividad de las empresas en alrededor del 40 %.

B Cada año se desperdician 1300 millones de toneladas de alimentos.

C Más del 40 % de la población mundial, 3 mil millones de personas, depende de combustibles contaminantes e insalubres para cocinar.

D Mientras la economía mundial continúa recuperándose, presenciamos un crecimiento más lento, un aumento de las desigualdades y un déficit de empleos para absorber la creciente fuerza laboral.

C. ¿Qué sentimientos y estados de ánimo te producen los problemas presentados en la actividad anterior? Habla con dos compañeros del grupo.

● *A mí me da miedo pensar en tantas personas desempleadas y esto afecta tanto a los países ricos como a los pobres.*
○ *Pues, a mí me da pena...*

D. Klaus Schawb es el fundador en 1971 del Foro Económico Mundial. Hace unos años acuñó el término "cuarta revolución industrial". Busca en internet el vídeo del programa *El cazador de cerebros. El futuro del trabajo* y míralo del minuto 22 al minuto 26. Luego conecta las siguientes frases con su continuación lógica.

1. Las empresas, los gobiernos y la sociedad civil tienen que colaborar...
2. Tenemos que ofrecer a las personas un propósito en la vida...
3. Muchos países ofrecerán la renta básica universal...
4. Es necesario reciclar a muchos trabajadores...
5. Los políticos deben crear ecosistemas en los países...

a. **para que** la gente tenga unos ingresos mínimos.
b. **para** abordar los nuevos retos.
c. **para** fomentar el emprendimiento.
d. **para que** se sientan más satisfechas y felices.
e. **para que** encuentren otro empleo.

E. Fíjate en los verbos que van después de **para/para que**. ¿Cuándo se trata de infinitivo y cuándo de un verbo en subjuntivo? Completa la regla.

- En frases con sujetos diferentes: **para que** + ...
- En frases con el mismo sujeto o con sujetos genéricos: **para** + ...

10 Consejos para un mundo sostenible LA 7

Piensa en los siguientes problemas y escribe posibles soluciones relacionadas con los objetivos 7, 8, 9 y 12 de la ONU usando las estructuras **para** + infinitivo o **para que** + subjuntivo, como en el ejemplo. Luego, coméntalas con tus compañeros.

- las altas tasas de paro juvenil
- los contratos que no incluyen afiliación en la seguridad social
- la compra de productos producidos en países muy lejanos
- el tener televisiones u ordenadores encendidos que no se están usando
- la reducción de la productividad en alrededor de un 40% en algunos países africanos por las limitaciones de la infraestructura

● *Para evitar las altas tasas de paro juvenil hay que reducir los impuestos de las empresas que contraten a los jóvenes.*
○ *Sí, y para que no haya contratos que no incluyan afiliación en la seguridad social es necesario que se aumenten los impuestos de las empresas que realizan esta práctica.*

11 Proyectos comprometidos LA 7

18

A. Escucha algunas frases de la intervención de un director ejecutivo sobre un proyecto de inversión de impacto social en países en vías de desarrollo: fíjate en la entonación y márcala en el texto subrayando con colores diferentes, según las instrucciones.

- una línea ascendente ↗ cuando sube la entonación del discurso;
- una línea descendente ↘ cuando se baja la entonación;
- una línea recta —— para una entonación neutra.

1
En Java Compromise nos dedicamos a hacer inversiones de impacto social. Con estas inversiones, movemos dinero de fondos de inversión para dirigirlos a la base de la pirámide, donde intentamos romper el círculo de la pobreza. Eso nos permite financiar a personas pobres para que hagan una actividad productiva y así puedan mantenerse de forma sostenible fuera de la pobreza.

2
Además, les proporcionamos seguros y ahorros para poder hacer frente a la peor cara de la pobreza.

3
Porque movilizamos inversión privada para dedicarla al desarrollo. Por esa razón, nosotros estamos ayudando a levantar y movilizar todos esos recursos privados.

4
Nuestra empresa contribuye con el primer objetivo de los ODS la erradicación la pobreza, pero también con otros objetivos. Yo creo que es necesario un compromiso firme por parte de las empresas para alcanzar todos los objetivos de desarrollo sostenible del futuro.

18

B. Escucha de nuevo la intervención del director ejecutivo y asocia los cuatro textos de la actividad A con los siguientes gestos.

C. Ahora, escenifica esta intervención en clase con los gestos y la entonación. ¿Cuál es la intervención que coincide más con la entonación? ¿Quién ha utilizado los gestos adecuados?

12 Formación continua LA 2, 3, 6

Trabajas en el departamento de formación de una empresa y con tus dos colegas, tenéis que decidir qué cursos sobre desarrollo sostenible y nuevas tecnologías queréis ofrecer a los empleados. Mirad las siguientes ofertas y completad las frases para presentar cada curso.

- Yo creo que nuestros colegas necesitan familiarizarse con el almacenaje en la nube.
- Sí, sin duda. Pero también…

A
Uso de la nube y bancos de información (*Cloud Computing* / *Big Data*)
Tipos
Aplicaciones
Herramientas
(formación online)

B
Formación en robótica colaborativa
Curso práctico
Herramientas para la automatización de tareas

C
Producción y consumo responsables
Propuestas
Métodos de implantación
Desafíos
Experiencias de otras empresas

D
Impresión 3D, Ideas creativas / Soluciones originales
Diferentes sistemas de impresión y materiales

a. Para que la empresa .... es conveniente ofrecer el curso sobre la nube.
b. .... es interesante hacer el curso de robótica.
c. Para que la empresa cumpla con el objetivo 12 de la ONU, es conveniente ....
d. Para que los empleados ....

13 Vocabulario de la unidad

Haz en tu cuaderno un mapa asociativo con el vocabulario aprendido en esta unidad. Aquí tienes una propuesta.

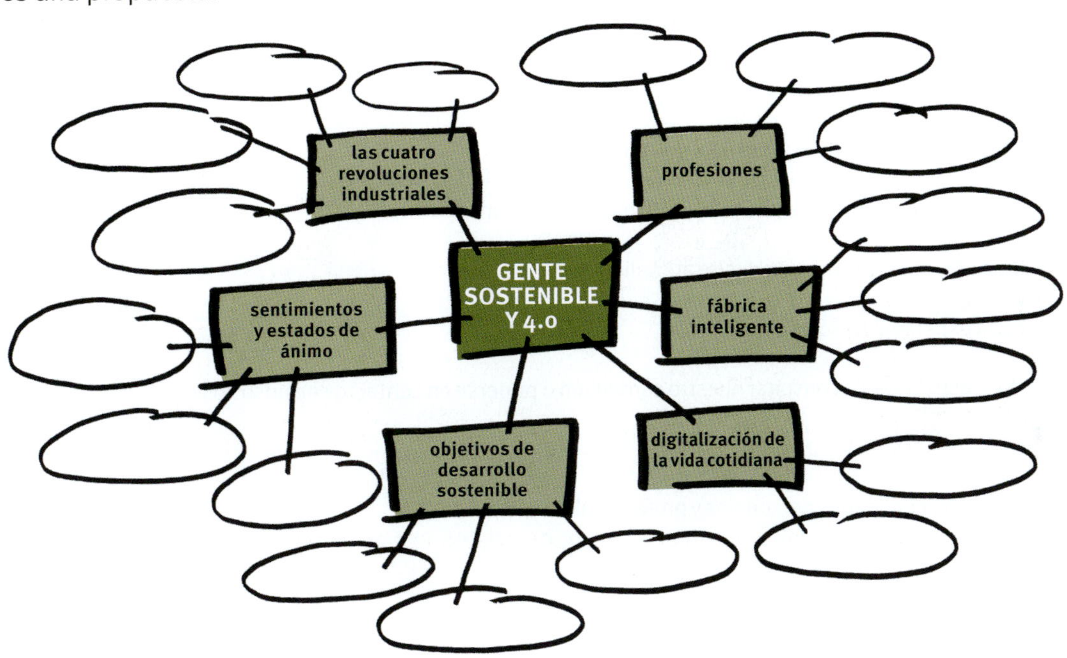

ficha de trabajo con el vídeo 1

Antes de ver el vídeo

1. Lee estas dos afirmaciones. ¿Estás de acuerdo? Escribe tu opinión.

AFIRMACIONES	Tu opinión: ¿estás de acuerdo?
1. La realización de un videocurrículum permite al aspirante mejorar su posicionamiento en la búsqueda de empleo ya que presenta de forma rápida y atractiva su perfil profesional, académico y personal para conseguir un determinado puesto de trabajo.	
2. Los empleadores valoran el esfuerzo que se hace al preparar un videocurrículum, ya que en poco tiempo pueden conocer mejor al/ a la candidato/a, descubrir su capacidad y su talento a través del lenguaje verbal y no verbal que utiliza ante la cámara.	

- *Yo estoy de acuerdo con la primera afirmación pero con una condición: el videocurrículum tiene que estar muy bien planificado y elaborado.*
- *Sí, tienes razón. Y además no tiene que durar mucho.*

2. El guion de un videocurrículum tiene que tener una estructura básica para ofrecer un discurso coherente. A continuación se presentan los elementos de un posible guion. Ordénalos y añade otros elementos o información que te parecen necesarios.

- [ ] descripción de los idiomas que hablamos y del nivel que poseemos en ellos
- [ ] presentación destacando nuestro nombre y nuestra actividad profesional
- [ ] nombrar actividades o aficiones que puedan destacar cualidades personales
- [ ] descripción de nuestra experiencia profesional
- [ ] despedida invitando al espectador a consultar nuestro curriculum o ponerse en contacto con nosotros
- [ ] descripción de nuestra formación
- [ ] descripción de tres o cuatro cualidades personales y profesionales a destacar

Durante el visionado del vídeo

3. Vas a ver un ejemplo de vídeo currículum. Completa la información que falta en el currículum de Eloy.

Nombre(s) y apellido(s): Eloy Artime Martínez
Fecha de nacimiento: 23 de junio de 1986
Lugar de nacimiento: Vigo
eartime@hotmail.com / (+34) 699 428 489

FORMACIÓN ACADÉMICA:

Estudios:
Licenciado en Administración y Dirección de Empresas / International Bussines (Universidad de Vigo)
Especialidad: Marketing e International Business
Beca Erasmus: 1 año Universidad Oulu (Finlandia):

- ....
- ....

Máster de Comercio Exterior (Universidad Carlos III, Madrid)

EXPERIENCIA PROFESIONAL:

Empresa DECATHLON. Tareas desarrolladas:

- ....
- ....
- Contactar con el proveedor para realizar pedidos.

Aspectos positivos de esta experiencia: ....

Actividades realizadas por cuenta propia:

- Proyecto de marketing deportivo que refleja la evolución del deporte a lo largo de la historia.
- Voluntario en Aspanaex (Centro de Educación Especial a favor de las personas con discapacidad)
- Finalidad con el voluntariado: ....

LENGUAS:

Lenguas maternas: el castellano y el gallego
Inglés: ....

OTROS DATOS DE INTERÉS:

Soy una persona:

- ....
- ....
- organizada
- ....

- Colaboración con la Universidad de Vigo (oficina de relaciones internacionales)
- Tipo de empresa en la que me gustaría trabajar: ....
- Qué espero de esa empresa: ....
- Disponibilidad geográfica total.

Después de ver el vídeo

4. Imagina que eres el responsable de recursos humanos de una empresa y has recibido el vídeo currículum de Eloy. Contesta a las siguientes preguntas.

a. ¿Qué aspectos del perfil de Eloy te han parecido más interesantes?

b. ¿Piensas que falta alguna información relevante sobre Eloy?

ficha de trabajo con el vídeo 2

© Alicia Ro (www.aliciaro.com)

Antes de ver el vídeo

1. Presentarse o dar a conocer un proyecto y convencer delante de un público son habilidades que requieren una técnica que exponga el contenido de forma atractiva para la audiencia. En los momentos previos puede ser normal que el/la ponente sienta miedo o inseguridad. A continuación, tienes unas expresiones habituales relacionadas con "hablar en público". ¿Conoces su significado? Coméntalo con un/a compañero/a.

quedarse en blanco | tener la boca seca | perder el hilo

- *¿Quedarse en blanco? Pues no tengo ni idea lo que quiere decir.*
- *Sí. Está claro. Significa que...*

2. Comenta con un/a compañero/a las respuestas a estas preguntas.

a. ¿Qué experiencia tienes hablando en público?

b. ¿Piensas que sabes hablar bien en público? ¿Por qué?

c. ¿Qué consejo puedes dar a alguien para que hable bien en público?

Durante el visionado del vídeo

3. Este vídeo presenta la técnica del *elevator pitch*. Míralo hasta el segundo 27 y escribe qué es exactamente, según Alicia Ro.

....

....

....

....

4. Completa el diagrama en la página siguiente con los pasos para la realización de un *elevator pitch* (o discurso de ascensor). Luego, compara tu diagrama con lo de un/a compañero/a.

a. Qué beneficio principal obtiene la gente contigo.

b. Qué problemas o necesidades cubres.

c. Termina siempre con una llamada a la acción final.

- *Yo creo que el paso 3 puede ser.....*
- *No. A mí me parece más lógico...*

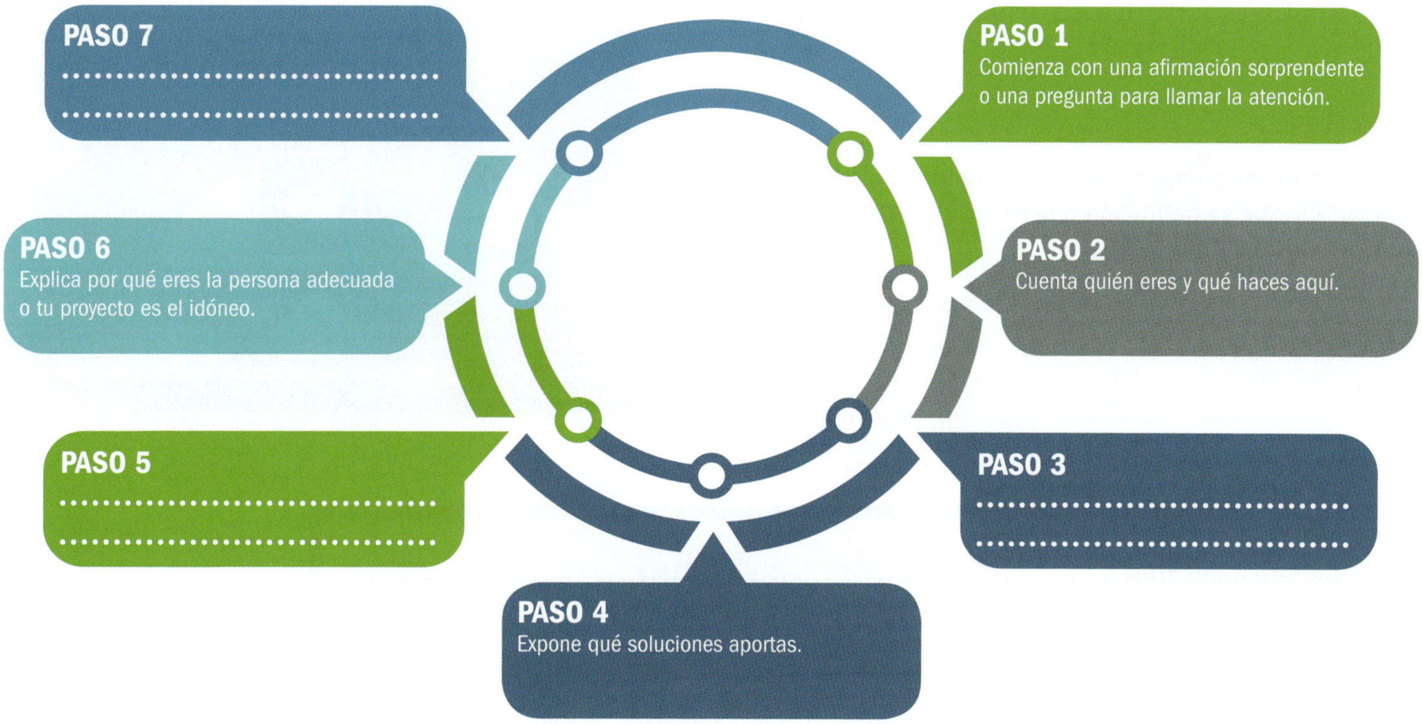

5. Ahora, mirad el vídeo hasta el final y comprobad los pasos para la realización de un *elevator pitch*.

6. La autora del vídeo propone un ejemplo de su *elevator pitch* en relación a "hablar en público". Vuelve a ver el vídeo y contesta las siguientes preguntas:

a. ¿Qué pregunta hace al principio para llamar la atención sobre el tema?

....

b. ¿Qué problemas o necesidades cubre Alicia Ro con el *elevator pitch*?

....

....

c. ¿Qué beneficio obtiene la gente con este *elevator pitch*?

....

....

Después de ver el vídeo

7. Ahora que conoces lo que es un *elevator pitch*, ¿qué te parece esta técnica para presentarse de forma atractiva o dar a conocer un proyecto y convencer delante de un público? Coméntalo con un/a compañero/a.

8. En grupos de tres. Decidís utilizar esta técnica para presentar un proyecto innovador a una persona influyente. Para ello, desarrollad un *elevator pitch*, utilizando los 7 pasos presentados en el vídeo. Después dramatizáis la escena simulando que se desarrolla en un ascensor. Recordad: no puede durar más de 1 minuto. Si lo deseáis, podéis grabar un vídeo.

9. Al final, podéis votar cuál ha sido el mejor *elevator pitch*.

ficha de trabajo con el vídeo 3

Antes de ver el vídeo

1. Estas palabras son muy importantes en el mundo laboral, ¿sabes que significan? Escribe su definición y, si es necesario, busca su significado en el diccionario.

reto

desafío

Definición de reto o desafío: ....
....

2. ¿Te has planteado personalmente algún reto o desafío en tu vida? ¿Cuál? Habla con un/a compañero/a.

● *Pues yo tengo actualmente un reto que es...*
○ *Yo me he planteado como desafío...*

Durante el visionado del vídeo

3. Este vídeo plantea un reto: la transformación de las empresas. Míralo hasta el segundo 30 y contesta a las preguntas.

¿Qué significa que la velocidad es el signo de la nueva era digital?

....
....
....
....

Según el vídeo, ¿qué necesitan las empresas en esta nueva era?

....
....
....
....

4. Ahora mira el vídeo hasta el final. Según el video, las empresas necesitan adaptarse a la nueva era a través de la implementación de 9 pilares de la transformación digital. ¿Cuáles son estos pilares? Completa la tabla.

1	Estrategia digital	6	Infraestructura IT
2		7	
3	Marketing digital	8	Analítica de negocio
4		9	
5			

5. ¿A qué pilar de la pregunta anterior corresponde cada una de las siguientes afirmaciones? Conecta las columnas.

PILAR	AFIRMACIONES
1	Abandona la jerarquía tradicional y crea estructuras de trabajo en red.
2	Si tu cliente compra online, vende online.
3	Incrementa las funcionalidades y la capacidad de tus sistemas informáticos.
4	En la economía digital, para ser sostenible y rentable tienes que analizar los datos útiles para tomar decisiones de forma ágil y desde todos los niveles de la organización.
5	Diseña una experiencia de compra única e inolvidable.
6	Conecta tu negocio con cualquier persona, en cualquier momento, en cualquier lugar.
7	Promueve una cultura de innovación permanente para atraer y fidelizar personas con talento digital.
8	Aprovecha los micro momentos. O eres el primero en Google o no existes.
9	Asume que tus sistemas son vulnerables y prepara un plan de contingencia para activarlo cuando lo necesites.

Después de ver el vídeo

6. ¿Conoces alguna empresa que está preparada para el reto digital? En general, ¿en qué situación se encuentran las empresas de tu país en relación a la nueva era digital? Habla con un/a compañero/a y después expón tus respuestas a la clase.

- *Pues yo creo que casi todas las empresas grandes ya se han adaptado a esta nueva era.*
- *Sí. En las empresas pequeñas es quizás más difícil pero conozco una empresa que...*

CULTURA

1. El mercado laboral en España y en América Latina
2. España en las organizaciones internacionales
3. El Mercado Común del Sur
4. Empresas sostenibles

1. EL MERCADO LABORAL EN ESPAÑA Y EN AMÉRICA LATINA

1. El mercado laboral en España en cifras

Tasa de paro = 13,78% (porcentaje que expresa la proporción de parados que hay respecto al total de activos en España)

Más del 18 %
Del 14 % al 18 %
Del 10 % al 14 %
Menos del 10 %

Hay seis comunidades autónomas con una tasa de paro inferior al 10 %: Navarra, País Vasco, La Rioja, Baleares, Aragón y Madrid.
Por el contrario, Extremadura (23,48 %), Andalucía (20,80 %) y Canarias (18,78 %) registran las tasas más altas.

Fuente: Instituto Nacional de Estadística (año 2020)

2. Los sectores que crean más empleo en España

¿Cuáles son los sectores que crean más empleo en España?

SECTOR	PERSONAS EMPLEADAS
Comercio	3.190.000
Turismo	2.831.000
Salud	2.719.000
Construcción	2.696.000
Agricultura	1.253.000
Servicios financieros	816.000
Automoción	460.000
Banca	399.000
Minería	74.000

0 — 2.000.000 — 3.500.000

Fuente: World Travel and Tourism Council

3. El mercado laboral en América Latina en cifras

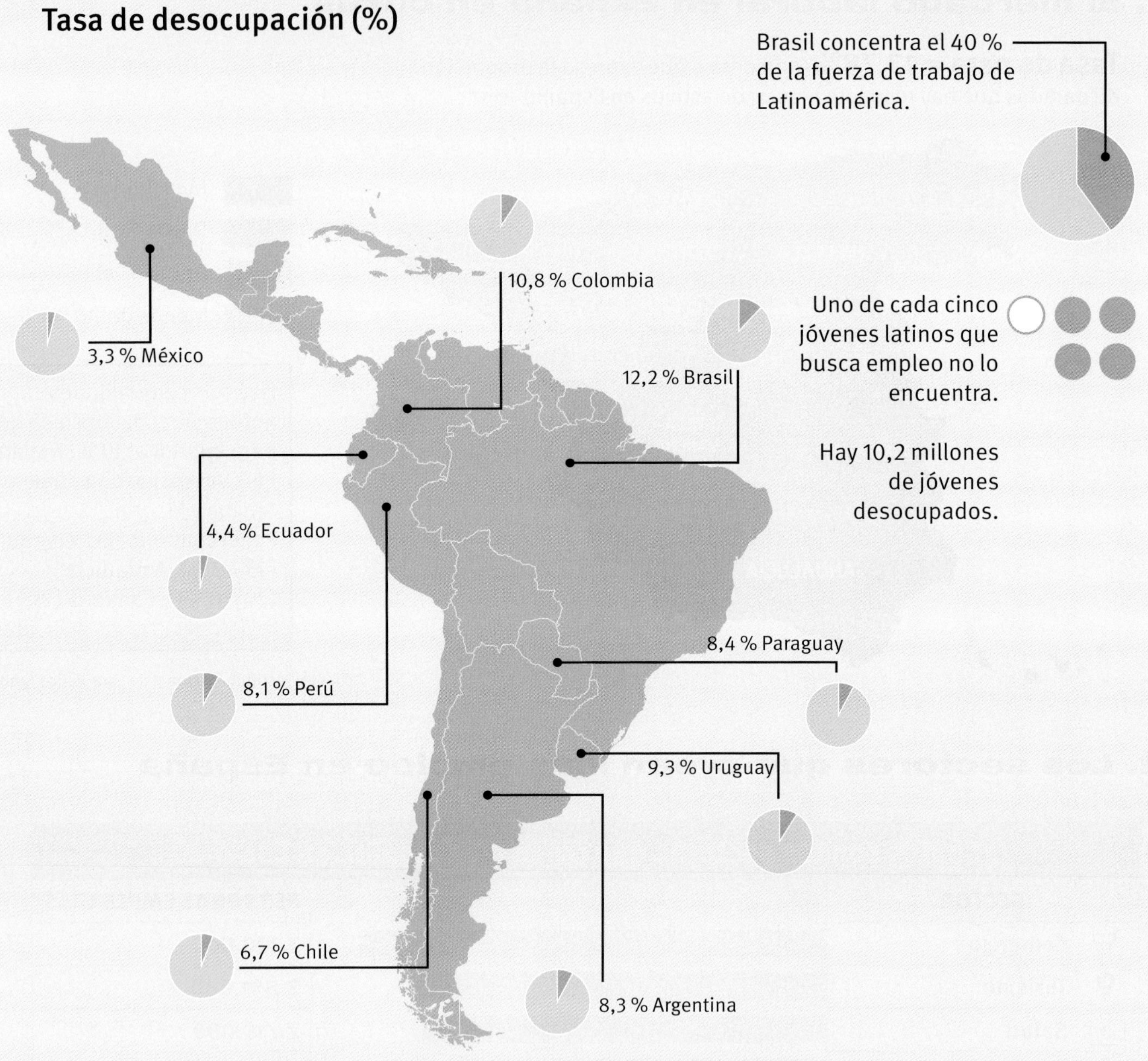

Brasil y Colombia son los dos países con una mayor tasa de desocupación en la región. Mientras que México, la segunda mayor economía de la región después de Brasil, registra la menor tasa de desocupados con un 3,3 % de su población.

Fuente: OIT y Cepal

4. Los sectores que crean más empleo en México

¿Cuáles son los sectores que crean más empleo en México?

SECTOR	PORCENTAJE PERSONAS EMPLEADAS
Comercio	9,7
Industrias manufactureras	8,8
Agricultura	5,9
Servicios personales	5,9
Construcción	4,3
Salud	4,2
Turismo	4,1
Servicios profesionales*	3,4
Transporte	2,8

Fuente: gob.mx

* en particular: administrativos, tecnológicos, científicos y técnicos.

¡Qué interesante!

El 87 % de los milenials mexicanos están dispuestos a trabajar fuera de México, principalmente en EE. UU., Canadá y España.

A. Antes de leer la información de los gráficos, comenta con un/a compañero/a las respuestas a estas preguntas.
- ¿Qué sabes del mercado laboral en España y en América Latina?
- ¿Sabes cuáles son los sectores más importantes de la economía en España? ¿Y en América Latina?

● Bueno, en España yo creo que sería el turismo...

B. Fíjate en los gráficos 1 y 3: ¿hay alguna información que te sorprende? ¿Cuáles son las cifras del mercado laboral en tu país? Coméntalo con un/a compañero/a.

C. En grupos de tres personas, fijaos en los gráficos 2 y 4 y contestad a estas preguntas.
- ¿Cuáles son las diferencias entre España y México?
- ¿Algunos de los sectores que crean más empleo coinciden con los de tu país? ¿Cuáles?

● No coinciden, porque en mi país los principales sectores económicos serían la industria y la agricultura.

D. Consulta en internet si los datos de los gráficos todavía son actuales. Toma nota de las diferencias y coméntalas con tus compañeros.

E. Busca en internet los datos sobre los sectores que crean más empleo en otro país de América Latina y compártelos con tus compañeros.

CULTURA

2. ESPAÑA EN LAS ORGANIZACIONES INTERNACIONALES

ONU

La Organización de las Naciones Unidas fue creada con el objetivo fundamental de garantizar el mantenimiento de la paz y la seguridad internacionales.

España ingresó en las Naciones Unidas el 14 de diciembre de 1955 y su presencia en la organización ha crecido poco a poco. Hoy más de 1500 profesionales españoles trabajan en las Naciones Unidas en puestos de relevancia.

España forma parte del Grupo de Ginebra, formado por los países que más contribuyen en la ONU. Una de las mayores prioridades de España siempre han sido los asuntos humanitarios, en cuestiones de paz, seguridad y defensa de los derechos de las mujeres. De hecho, integra el Grupo de Amigos de la Mediación que promueve el uso de la mediación como herramienta para solucionar pacíficamente las controversias. Entre las numerosas operaciones de paz en las que España participa, destaca la Misión Especial de Naciones Unidas para verificar el alto el fuego y la dejación de armas en Colombia.

OSCE

Con sus 57 Estados participantes, en América del Norte, Europa y Asia, la Organización para la Seguridad y la Cooperación en Europa (OSCE) es la organización de seguridad regional más grande del mundo y desde 1975 trabaja en pro de la estabilidad, la paz y la democracia.

España es uno de los países fundadores de la OSCE y ha tenido un destacado papel en la organización desde sus inicios, tanto por las iniciativas que ha impulsado dentro de ella como por el gran número de españoles que participan en las misiones de observación electoral y los diplomáticos y militares que han trabajado y liderado algunas de las misiones sobre el terreno.

Entre las prioridades de España se encuentran la participación de los jóvenes en las cuestiones de seguridad; los asuntos relacionados con la mujer, la paz y la seguridad; la lucha contra el terrorismo; la promoción de los derechos humanos; el fortalecimiento de las instituciones democráticas y las políticas medioambientales.

A. Antes de leer los textos y escuchar el audio, comenta con un/a compañero/a lo que sabéis sobre estas organizaciones: ONU, OSCE, OTAN, UE. ¿Tu país forma parte de alguna de ellas?

B. ¿Cómo ha colaborado España con la ONU y la OSCE? Lee los dos textos y escribe las acciones más relevantes. Luego, compara tus notas con las de tu compañero/a.

OTAN

1. España se unió a la OTAN ....
....
....
2. El objetivo principal de la OTAN es ....
....
....
3. La participación de España es particularmente significativa en ....
....
....
4. Las Fuerzas Armadas españolas están presentes
....

UE

1. Alemania, Bélgica, Francia, Italia, Luxemburgo y los Países Bajos son ....
....
....
2. Durante los años setenta y ochenta, ...
....
y España se adhirió ....
....
3. España se ha implicado activamente ....
....
4. Con el Tratado de Maastricht se crea oficialmente la Unión Europea y se instaura ....
....
5. En 1997 el Tratado de Ámsterdam establece nuevas leyes comunitarias sobre ....
....
6. La UE fomenta ....
....

19

C. Escucha a una profesora de historia que cuenta el papel de España en la OTAN y la UE. Completa las fichas y compara tus respuestas con las de tu compañero/a.

D. Relaciona cada organización con las funciones que le correspondan.

ONU

UE

OTAN

OSCE

1. Observar y velar por los procesos electorales.

2. Proteger a sus miembros contra cualquier amenaza.

3. Crear un mercado único para favorecer la libre circulación de mercancías, servicios, capitales y personas.

4. Coordinar acciones para proteger los derechos humanos.

5. Dialogar con los Gobiernos para asegurar el respeto de los derechos fundamentales.

6. Garantizar el derecho de sus ciudadanos a circular y residir libremente dentro de la países miembros.

7. Reformar el sector de seguridad.

8. Garantizar la estabilidad de la zona euroatlántica.

E. Buscad por grupos en internet medidas de la UE que influyen en la vida cotidiana de sus ciudadanos y comentad qué os parecen.

- A mí me parece una ventaja poder estudiar y trabajar libremente en todos los países de la Comunidad Europea.
- Sí, es verdad. Sin embargo, yo no estoy de acuerdo con estudiar solo en Europa. ¿Por qué no firman acuerdos los países para poder estudiar también en otros países que no sean parte de la Unión Europea?

3. EL MERCADO COMÚN DEL SUR

El Mercado Común del Sur (MERCOSUR) está formado por Argentina, Brasil, Paraguay, Uruguay, Venezuela y Bolivia (que se encuentra en proceso de adhesión). En 1991, tuvo lugar la formación de Mercosur con el Tratado de Asunción, firmado inicialmente por Argentina, Brasil, Paraguay y Uruguay.

Basado en el respeto por la democracia y la búsqueda del desarrollo económico, Mercosur ha establecido múltiples acuerdos comerciales, políticos y de cooperación con los restantes países sudamericanos y con otras naciones y organismos en los cinco continentes.

Más tarde, la educación, la salud, la cultura y el trabajo pasaron a integrarse en los objetivos prioritarios de Mercosur, con el fin de mejorar la integración y el bienestar entre sus ciudadanos.

Los tres idiomas de comunicación de la organización son el español, el portugués y el guaraní, aunque los idiomas oficiales de trabajo son el español y portugués.

Algunos de los organismos más relevantes en la estructura de Mercosur son: el Consejo del Mercado Común (CMC), el Grupo Mercado Común (GMC) y la Comisión de Comercio (CC).

Entre los principales objetivos de Mercosur, se encuentran los siguientes:

- La libre circulación de bienes y servicios entre los países sin costes de aduana o de aranceles para la circulación de mercancías.
- El establecimiento de un arancel externo común y la adopción de una política comercial común con relación a terceros Estados.
- El compromiso de armonizar las legislaciones en algunas áreas para favorecer el proceso de integración de los Estados que forman la organización.
- La coordinación de políticas macroeconómicas y sectoriales como, por ejemplo, de comercio exterior, agrícola, industrial, fiscal, monetaria, de transportes y comunicaciones.

La UE y Mercosur llegaron a un acuerdo por el que se creó un mercado compuesto por 800 millones de consumidores, representando casi una cuarta parte del PIB mundial. Tras más de 20 años de negociaciones, el acuerdo tuvo lugar en 2019.

Fuente: mercosur.int

Países	Población	PIB anual	PIB per cápita
Argentina	44.560.000	442.598 M. €	9.933 €
Bolivia	11.353.142	34.113 M. €	3.005 €
Brasil	209.469.333	1.584.004 M. €	7.562 €
Paraguay	7.053.000	35.439 M. €	5.025 €
Uruguay	3.449.299	50.509 M. €	14.643 €
Venezuela	28.870.195	83.351 M. €	2.887 €
TOTAL MERCOSUR	**304.754.969**	**2.230.014 M. €**	**7.317 €**

Fuente: Expansión

¡Qué interesante!

El producto interior bruto (**PIB**) es un indicador económico que refleja el valor monetario de todos los bienes y servicios finales producidos por un país o región en un determinado periodo de tiempo. El **PIB per cápita** es un indicador económico que mide la relación entre la renta nacional y los habitantes de ese lugar.

A. Antes de leer el texto, comenta con un compañero/a las respuestas a las siguientes preguntas.
- ¿Sabes qué países integran Mercosur?
- ¿Con qué propósito crees que se creó Mercosur?

B. Lee el texto y comprueba tus respuestas del apartado anterior, ¿coinciden? Coméntalo con tu compañero/a.

C. Mercosur ha realizado varias campañas para mejorar el bienestar social de los países que lo integran. Aquí tienes las imágenes de algunas de ellas. En grupos, elegid una y buscad información en la web <u>mercosur.int</u>. Luego, presentadla en clase. Al final, cada grupo dará su opinión sobre las campañas presentadas.

4. EMPRESAS SOSTENIBLES

El Índice de Sostenibilidad de Dow Jones es el primer índice mundial para identificar y clasificar las principales empresas sostenibles. Se basa en el análisis de más de 600 variables, las cuales atienden a factores ambientales, sociales y de gobernanza. Las empresas que forman parte de este índice se distinguen como líderes en sus respectivos sectores por sus prácticas en materia económica, social y medioambiental. Varias empresas de los países hispanohablantes se encuentran en este índice.

Inditex

El grupo textil español Inditex lidera su sector por su decidido planteamiento de respeto y promoción de los derechos humanos y la transparencia de su reporte medioambiental.

En 2008, por ejemplo, nació el proyecto Salta para permitir la inserción laboral en sus tiendas, fábricas o centros logísticos de personas en situación de exclusión social. Este programa se ha implantado en 13 mercados: Alemania, Brasil, Corea del Sur, España, Estados Unidos, Francia, Grecia, Italia, México, Polonia, Portugal, Reino Unido y Turquía.

Más de 1170 personas se han formado e incorporado al proyecto Salta. Cada año, tanto tutores como mentores han formado a los nuevos participantes garantizando así una correcta incorporación y adaptación al puesto. En los 10 primeros años del lanzamiento del programa de inserción de personas en riesgo de exclusión, 780 personas se han incorporado a las tiendas de esta empresa.

En materia ambiental, el grupo aplica mejoras en cada fase de su modelo de negocio, desde el suministro de materias primas y los procesos de su cadena de producción, hasta la logística, el funcionamiento de sus tiendas y el fin de vida de sus productos.

Fuentes: europapress.es / inditex.com

Axtel

Axtel es una empresa mexicana de tecnologías de la información y la comunicación. Su estrategia de sostenibilidad está enfocada a mejorar el ambiente económico, social y ambiental. Axtel se adhirió en 2011 al Pacto Mundial de la ONU, la iniciativa de responsabilidad social más grande del mundo. Además, ha recibido el reconocimiento por parte del Centro Mexicano para la Filantropía (CEMEFI) como Empresa Socialmente Responsable desde 2008.

En el ámbito social, Axtel fue el principal donante para reconstruir las viviendas del estado de Nuevo León tras el huracán Álex. También participa en programas para crear huertos urbanos en ciudades mexicanas.

En el ámbito ambiental, esta empresa mexicana puso en marcha campañas de ahorro de energía, de reutilización de materiales, así como de reciclaje de desechos domésticos y electrónicos. Al mismo tiempo, continúa su compromiso para seguir reduciendo el consumo de agua, energía, papel y combustibles.

Fuente: axtelcorp.mx

A. ¿Conoces estas dos empresas? ¿Qué te parecen las medidas que han tomado para fomentar el desarrollo sostenible? Coméntalo con tu compañero/a.

B. En tu país, ¿existen empresas comprometidas con el medioambiente? ¿Se promueve el desarrollo sostenible? Coméntalo con tu compañero/a.

- *En mi país también tenemos empresas que respetan el medioambiente...*
- *Pues yo sé que en mi país el Gobierno ayuda a las empresas para que se unan al desarrollo sostenible...*

C. Por parejas, buscad información en internet sobre otras empresas sostenibles de los países hispanohablantes. Luego, presentadlas en clase.

DIPLOMA DE ESPAÑOL COMO LENGUA EXTRANJERA

Indicaciones sobre los exámenes DELE

En la página web del Instituto Cervantes http://diplomas.cervantes.es/ encontrará toda la información relativa al Examen DELE Nivel A2: inscripciones, fechas de las convocatorias, formato de las pruebas, modelos de examen, precios y hojas de inscripción, etc., así como información sobre el resto de los niveles.

Hoja de respuestas

En el examen del DELE usted tendrá una **Hoja de respuestas** para que anote sus opciones para la prueba de Comprensión de lectura y para la prueba de Comprensión auditiva y para que haga las tareas de la prueba de Expresión e interacción escritas.

Estructura y contenido del examen DELE Nivel A2

PRUEBA N.º 1 COMPRENSIÓN DE LECTURA (25 preguntas, 60 minutos)

- **TAREA 1: Cinco** ítems de selección múltiple, con tres opciones de respuesta.
- **TAREA 2: Ocho** textos y ocho ítems de selección múltiple, con tres opciones de respuesta.
- **TAREA 3: Seis** ítems para relacionar con el texto que les corresponde.
- **TAREA 4: Seis** ítems de selección múltiple, con tres opciones de respuesta.

PRUEBA N.º 2 COMPRENSIÓN AUDITIVA (25 preguntas, 40 minutos)

- **TAREA 1: Seis** ítems de selección múltiple, con tres opciones de respuesta (imágenes).
- **TAREA 2: Seis** ítems de selección múltiple, con tres opciones de respuesta.
- **TAREA 3: Seis** ítems para relacionar con la persona a la que corresponden.
- **TAREA 4: Diez** ítems para relacionar con el mensaje al que corresponden.

PRUEBA N.º 3 EXPRESIÓN E INTERACCIÓN ESCRITAS (45 minutos)

- **TAREA 1: Redactar un texto** (nota, postal, mensaje, correo electrónico o carta breve) de unas 60-70 palabras.
- **TAREA 2: Redactar un texto breve** de unas 70-80 palabras sobre un tema cotidiano biográfico o narrativo, a partir de fotos o datos.

PRUEBA N.º 4 EXPRESIÓN E INTERACCIÓN ORALES (12 minutos + 12 minutos de preparación*)

- **TAREA 1: Presentación de un tema**, monólogo (2-3 minutos).
- **TAREA 2: Descripción de una fotografía** (2-3 minutos).
- **TAREA 3: Diálogo en una situación imaginaria** (3-4 minutos).

*Tiene 12 minutos para preparar las tareas 1, 2 y 3. Puede tomar notas y escribir un esquema de sus respuestas. Durante la prueba, puede consultar sus notas, pero no leerlas detenidamente.

Tarea 1
Instrucciones

Usted va a leer un correo electrónico que Alba ha enviado a Isabel. A continuación, conteste a las preguntas (1-5). Seleccione la opción correcta (a, b o c). Marque las opciones elegidas en la **Hoja de respuestas.**

Para: isabel@difu.com

Asunto: cumple de mamá

Hola, Isabel:

¿Cómo estás? Te escribo porque el domingo es el cumpleaños de mamá y he pensado que podemos celebrarlo en mi casa y preparar una comida. ¿Qué te parece? Yo me ocupo de los entrantes y del primer plato. Como papá es alérgico al pescado, he pensado hacer pollo al horno. De postre, tú puedes hacer tu famosa tarta de chocolate y nata, a mamá le encanta.

Lo que no sé es qué podemos regalarle. ¿Tienes alguna idea? El año pasado le gustaron mucho los libros y el perfume, pero como este año cumple sesenta, quiero comprarle algo especial.

El problema es que durante la semana no voy a tener mucho tiempo para ir a comprar. Mi compañera Lidia está enferma y tengo mucho trabajo en la oficina. El jueves tengo una reunión con mi jefa y todavía no he preparado la presentación. Estoy muy nerviosa porque voy a enseñarle mis diseños para la nueva colección de ropa de invierno. Álex tampoco puede ir al supermercado porque tiene que corregir muchos exámenes, preparar clases para la universidad y recoger a los niños del colegio.

Si tienes tiempo, podemos quedar el sábado sobre las 10, por la tarde voy a llevar a los niños al cine. Hace tiempo que me lo piden y este fin de semana… ¡estrenan una película de sus dibujos animados favoritos! Podemos pasar primero por el supermercado y luego ir a comprar el regalo para mamá. Va a llover, por eso creo que lo mejor es ir al centro comercial que está cerca de mi casa. Hay muchas tiendas y además han abierto una joyería nueva que tiene pendientes y anillos muy originales, quizá allí encontramos algo. Después, si te apetece, te invito a comer en el restaurante italiano que te gusta y me cuentas qué tal te va todo.

Bueno, escríbeme o llámame y nos organizamos.

Un abrazo,

Alba

PREGUNTAS

1. Alba escribe a Isabel para...
- a) organizar un cumpleaños.
- b) hablarle de su trabajo.
- c) invitarla a comer.

2. Alba e Isabel son...
- a) compañeras de trabajo.
- b) hermanas.
- c) amigas.

3. En el texto se dice que Alba trabaja en...
- a) la universidad.
- b) una tienda de ropa.
- c) una empresa.

4. Alba puede quedar con Isabel...
- a) el jueves después de una reunión de trabajo.
- b) el sábado antes del cine.
- c) el sábado después de la comida en el restaurante.

5. Alba quiere ir al centro comercial porque...
- a) está cerca de su casa.
- b) va a hacer mal tiempo.
- c) quiere comprar algo especial.

Tarea 2
Instrucciones

Usted va a leer ocho anuncios. A continuación, responda a las preguntas (6-13). Seleccione la opción correcta (a, b o c). Marque las opciones elegidas en la **Hoja de respuestas**.

Ejemplo TEXTO 0

Deportes Valverde

En nuestra tienda puede encontrar todo lo que necesita para practicar su deporte favorito a los mejores precios. Amplia selección en zapatillas deportivas de todas las marcas.
Además, este mes, si compra dos pares de zapatillas, le regalamos las más baratas.
Horario comercial:
De lunes a viernes: 10:00-19:00 h
Sábados: 10:00-15:00 h **¡Venga a visitarnos!**

0. Esta tienda...
- ☐ a) cierra al mediodía.
- ☐ b) regala unas zapatillas.
- ☒ c) solo vende calzado deportivo.

TEXTO 1

Viajes Trotamundos

Reserva con nosotros tus vacaciones de verano y aprovecha nuestras grandes ofertas:
Tenerife, Mallorca, Granada y Barcelona, hoteles de 3 y 4 estrellas, media pensión desde 45 euros*.
Niños de 3 a 9 años 50 % de descuento.
*Precio por persona y noche en habitación doble.
Para estancias de más de una semana, una noche gratis.

6. El anuncio dice que...
- ☐ a) todos los niños tienen descuento.
- ☐ b) las ofertas incluyen desayuno y una comida.
- ☐ c) la habitación para dos personas cuesta 45 euros.

TEXTO 2

Inmobiliaria Hogar Dulce Hogar

Piso de 95 m² de nueva construcción, ideal para familias. Dispone de tres dormitorios y dos baños. Salón-comedor, cocina sin electrodomésticos. Pequeña terraza, exterior muy luminoso. Cuarto piso con ascensor. Al lado del metro y la parada del autobús. Centro comercial, parques y colegios cerca.
950 euros/mes.
Posibilidad de compra.

7. Según el texto, este piso...
- ☐ a) está bien comunicado.
- ☐ b) no se vende.
- ☐ c) necesita reformas.

TEXTO 3

Dígame S. L.

Empresa de telefonía busca estudiantes de Administración y Dirección de Empresas para realizar unas prácticas en el Departamento de Administración en sus oficinas de Madrid. Es necesario tener experiencia en contabilidad, conocimientos de informática y un buen nivel de inglés. El horario es de lunes a viernes de 9:00 a 14:00 h, y martes y jueves de 16:00 a 18:00 h.
Período de prácticas: julio-septiembre.
Los interesados deben enviar su currículum por correo electrónico al Departamento de Recursos Humanos: c.marquez@hr.dif

8. Este anuncio dice que...
- ☐ a) es necesario saber idiomas.
- ☐ b) el período de prácticas es en otoño.
- ☐ c) no hay que trabajar por las tardes.

TEXTO 4

Curso de cocina

¿Estás cansado de cocinar siempre lo mismo? Ven a nuestro curso y sorprende a familiares y amigos con platos variados y exóticos.
Cada semana está dedicada a un país diferente. Vas a aprender a preparar deliciosas recetas de Vietnam, Marruecos, Japón, la India, México... y mucho más.
Duración del curso: 2 meses. Martes o viernes de 18:00 a 20:00 h.
Precio: 150 euros/mes + libro de recetas
Inscripciones en www.saboresdelmundo.es

9. El curso de cocina...

- [ ] a) cuesta 150 euros.
- [ ] b) es dos veces a la semana.
- [ ] c) es para personas que ya saben cocinar.

TEXTO 5

Campamento de verano

El Ayuntamiento de Vigo organiza del 1 al 10 de julio un campamento de verano cerca de la playa para los más pequeños.
Se ofrecen muchas actividades al aire libre: curso de buceo con monitores especializados (obligatorio saber nadar), excursión a las Islas Cíes, manualidades...
Alojamiento en tiendas de campaña y pensión completa.
Precio: 90 euros.
El plazo de inscripción empieza el 1 de mayo y termina el 1 de junio.

10. El texto dice que...

- [ ] a) el campamento es para niños.
- [ ] b) no es necesario saber nadar.
- [ ] c) hay dos meses para realizar la inscripción.

TEXTO 6

Hipermercado Ciudad Jardín

¡Gran inauguración!
El próximo día 25, nuestro hipermercado abre sus puertas. Compre productos de la mejor calidad en una superficie de 3000 m^2 repartida en dos plantas.
Alimentación, hogar, droguería, ropa y calzado.
Los cien primeros clientes reciben un 20 % de descuento en compras superiores a 80 euros. Carretera Madrid-Valencia km 15

11. El hipermercado...

- [ ] a) se ha abierto recientemente.
- [ ] b) está fuera de la ciudad.
- [ ] c) los clientes reciben 80 euros para hacer sus compras.

TEXTO 7

Concurso de relatos

La casa de cultura invita a todos los vecinos del pueblo (mayores de 18 años) a participar en el V concurso de relatos.
El tema de este año es la solidaridad. El relato debe tener como máximo 2000 palabras y puede escribirse a mano o a ordenador. El plazo termina el 25 de septiembre.
1.er premio: entradas para ver *La vida es sueño* de Calderón de la Barca.
2º premio: lote de libros de literatura hispanoamericana.

12. El anuncio dice que...

- [ ] a) el tema es libre.
- [ ] b) hay que enviar el relato por correo electrónico.
- [ ] c) los jubilados pueden participar.

TEXTO 8

Aviso importante

Se comunica a los vecinos de la calle Manzanares nº 7 que los días 19, 20 y 21 de julio entre las 8:00 y las 12:00 h se va a cortar el suministro de agua de todo el edificio con motivo de las obras que el Ayuntamiento está realizando en las calles Manzanares y Juan Duque.
Disculpen las molestias.

13. Según el aviso...

- [ ] a) el edificio está en obras.
- [ ] b) es posible ducharse por la tarde.
- [ ] c) los vecinos de la calle Juan Duque no tienen agua.

Tarea 3

Instrucciones

Usted va a leer tres textos de tres personas que hablan sobre su primer trabajo. Relacione las preguntas (14-19) con los textos (a, b o c). Marque las opciones elegidas en la **Hoja de respuestas**.

PREGUNTAS

		A. Pedro	B. Rosa	C. Patricia
14	¿Quién se fue a otro país?			
15	¿Quién tuvo que dejar los estudios?			
16	¿Quién trabajaba pocas horas?			
17	¿Quién sigue trabajando en la empresa familiar?			
18	¿A quién le pedían hablar idiomas?			
19	¿Quién no tuvo problemas en encontrar trabajo?			

A. Pedro

Cuando era niño, me gustaban mucho los animales. Vivía en un pequeño pueblo donde había muchas vacas, ovejas, perros y gatos. Con 18 años me mudé a Madrid para estudiar Veterinaria, pero, un año después, tuve que volver porque mi madre se puso muy enferma y mi padre necesitaba ayuda con la panadería que tenía en el pueblo. Al principio fue muy duro, pero después de un par de años aprendí a amar mi profesión. Cuando mi padre se jubiló, me dejó el negocio. Ahora tengo una cadena de panaderías en varios pueblos de la región y dos de mis hijos trabajan conmigo.

B. Rosa

Me gradué en Administración y Dirección de Empresas. Cuando terminé el máster, conseguí trabajo en un banco bastante rápido. Los primeros dos meses fueron bastante difíciles, me sentía un poco insegura, los compañeros no eran muy simpáticos y mi jefa casi nunca estaba en la oficina. Como soy una persona muy trabajadora y hablo francés muy bien, al año siguiente me ofrecieron un puesto en la filial de París. Trabajé allí durante tres años y fue una experiencia muy positiva. También conocí a mi marido, que es estadounidense. Actualmente vivimos en San Francisco y trabajo para una empresa de informática muy importante.

C. Patricia

Cuando estaba en el primer año de mis estudios de Arquitectura, quería ganar algo de dinero para las vacaciones de verano y no pedírselo a mis padres. Después de buscar mucho, encontré un trabajo como guía turística. No era necesario tener experiencia, pero tenías que conocer bien la ciudad, la historia de sus principales monumentos y hablar inglés y francés. Trabajaba solo los fines de semana y el sueldo estaba muy bien; por eso, no lo dejé hasta que terminé los estudios. Durante esos años tuve la oportunidad de conocer a personas de todo el mundo y también hice algunos amigos. ¡Fue muy divertido!

Tarea 4
Instrucciones

Usted va a leer un texto sobre la diseñadora y empresaria venezolana Carolina Herrera. A continuación, conteste a las preguntas (20-25). Seleccione la opción correcta (a, b o c). Marque las opciones elegidas en la **Hoja de respuestas**.

Carolina Herrera es una de las diseñadoras más importantes del mundo y una exitosa empresaria. Está considerada como un icono de estilo y elegancia. Nació en Caracas en 1939 en una familia de clase alta. Desde muy pequeña se relacionó con importantes personalidades de la época y asistió a muchas fiestas y bailes organizados por sus padres. Le encantaban los caballos y los libros y no fue a la escuela, la educaron en casa.

Cuando solo tenía 13 años, su abuela la llevó a París para ver un desfile de modas de Balenciaga, uno de los grandes diseñadores del siglo xx. Gracias a esta experiencia, Carolina se enamoró del mundo de la moda y la alta costura.

A los 18 años se casó con Guillermo Behrens Tello, con quien tuvo dos hijas. Se divorciaron en 1964. Cinco años después se casó con el aristócrata venezolano Reinaldo Herrera, editor de la revista *Vanity Fair*, con quien tuvo otras dos hijas, Carolina y Patricia.

Su primera experiencia profesional fue en la firma italiana Pucci, donde trabajó durante seis meses como jefa de relaciones públicas. No fue hasta 1980 cuando empezó su carrera como diseñadora, entonces tenía 42 años. La editora de la revista *Vogue*, Diana Vreeland, la animó a crear su primera colección. La presentó un año más tarde y fue un éxito. Entonces, decidió mudarse con su familia a Nueva York y fundó Carolina Herrera, Ltd.

La fama de la diseñadora aumentó cuando en 1986 diseñó el vestido de novia de Caroline Kennedy, hija de John F. y Jacqueline Kennedy. El año siguiente creó su primer perfume. Desde entonces ha vestido a una multitud de celebridades de todo el mundo como Nicole Kidman, Lady Gaga o Michelle Obama, entre otras.

Sus diseños se caracterizan por la calidad, la originalidad y la elegancia. En toda su carrera no ha dejado de desarrollarse y de crear nuevos productos. En la actualidad, la diseñadora tiene varias líneas de negocio: Carolina Herrera New York, CH Carolina Herrera, una gama de perfumes y una línea de gafas. La firma distribuye sus productos a más de 300 tiendas en 110 países y cuenta con 70 *boutiques* alrededor del mundo.

En 2018, después de 37 años dedicada al diseño, Carolina Herrera anunció que dejaba la dirección creativa de la marca. Su última colección la presentó en otoño de 2018 en el Museo de Arte Moderno de Nueva York. Como sucesor, ha elegido al diseñador estadounidense Wes Gordon.

Adaptado de *Carolina Herrera*, vogue.es

20. El texto habla de...
a) los diseños de Carolina Herrera.
b) la trayectoria de la diseñadora.
c) el mundo de la moda.

21. Carolina Herrera...
a) viajó a Europa cuando era pequeña.
b) nació en una familia con problemas económicos.
c) dejó la escuela a los 13 años.

22. Según el texto, la diseñadora...
a) tuvo cuatro hijas con Guillermo Behrens Tello.
b) se casó muy joven.
c) se divorció dos veces.

23. En el texto se dice que...
a) empezó a diseñar en la firma italiana Pucci.
b) trabajó en Italia durante 6 meses.
c) presentó su primera colección en 1981.

24. Según el texto, Carolina Herrera...
a) ha diseñado vestidos de novia para muchas celebridades.
b) distribuye sus perfumes solo a algunas *boutiques*.
c) ha creado varias líneas de productos.

25. En el texto se dice que...
a) Carolina Herrera sigue diseñando.
b) la marca tiene un nuevo director creativo.
c) Wes Gordon presentó una colección en otoño de 2018.

Tarea 1

20 **Instrucciones**

Usted va a escuchar seis conversaciones. Escuchará cada conversación dos veces. Después, tiene que contestar a las preguntas (1-6). Seleccione la opción correcta (A, B o C). Marque las opciones elegidas en la **Hoja de respuestas.**

A continuación, va a oír un ejemplo:

Conversación 0

0. ¿Qué tiene ya el hombre?

A

B

C

La opción correcta es la letra C. El hombre compró una mesa la semana pasada.

Conversación 1

1. ¿Qué va a hacer la chica el sábado?

A

B

C

Conversación 2

2. ¿Qué necesita la mujer?

A

B

C

Conversación 3

3. ¿Qué tiene que tomar el hombre?

A

B

C

Conversación 4

4. ¿A dónde fue la mujer de vacaciones?

A

B

C

Conversación 5

5. ¿A qué hora tiene la mujer la reunión?

A

B

C

Conversación 6

6. ¿Qué tiene el piso?

A

B

C

Tarea 2

21

Instrucciones

Usted va a escuchar seis anuncios o fragmentos de un programa de radio y tiene que responder a seis preguntas. Cada audición se repite dos veces. Lea las preguntas (7-12) y seleccione la opción correcta (a, b o c). Marque las opciones elegidas en la **Hoja de respuestas**.

A continuación, va a oír un ejemplo:
Audio 0
0. En el anuncio se dice que la academia...
a) abre el fin de semana. b) ofrece cuatro idiomas. c) tiene diez profesores.

La opción correcta es la a). La academia abre los sábados de 9:00 a 18:00 h.

Audio 1
7. Según este anuncio, durante las fiestas...
a) se cancelaron muchas actividades.
b) hubo actividades para niños y adultos.
c) hizo muy buen tiempo.

Audio 2
8. En Almacenes Altamira...
a) hay precios especiales esta semana.
b) se venden productos solo para mujeres.
c) todos los productos tienen descuento.

Audio 3
9. El programa de radio...
a) tiene una duración de dos horas.
b) se puede escuchar todos los días.
c) pone música de diferentes géneros.

Audio 4
10. En el Museo de Arte Contemporáneo...
a) se pueden comprar entradas con descuento.
b) hay una exposición de la pintora Olga Picasso.
c) se inauguró una exposición el 12 de enero.

Audio 5
11. Según el anuncio, *Mundo Sostenible*...
a) se vende en internet por 4,50 euros.
b) todavía no se puede comprar.
c) es una revista de moda.

Audio 6
12. En la sección 'Buscando empleo'...
a) dan consejos para buscar ofertas de trabajo.
b) hablan sobre la empresa Tecnotel.
c) los oyentes pueden preguntar a la invitada.

Tarea 3

22

Instrucciones

Usted va a escuchar una conversación entre dos amigos, Juan y Eva. Indique si los enunciados (13-18) se refieren a Juan (A), a Eva (B) o a ninguno de los dos (C). Escuchará la conversación dos veces. Marque las opciones elegidas en la **Hoja de respuestas**.
Ahora tiene 30 segundos para leer los enunciados.
La opción correcta es la letra A. Juan ha tomado el autobús para quedar con María.

	ENUNCIADOS	A. JUAN	B. EVA	C. NINGUNO DE LOS DOS
0	Ha ido en transporte público.	X		
13	Pide un zumo de naranja.			
14	Tiene un trabajo nuevo.			
15	Va a cambiarse de casa.			
16	Ha comprado un sofá.			
17	Tiene muebles muy bonitos.			
18	Quiere pagar la cuenta.			

Tarea 4

23

Instrucciones

Usted va a escuchar ocho mensajes, incluido el ejemplo. Cada mensaje se repite dos veces. Seleccione el enunciado (A-K) que corresponde a cada mensaje (19-25). Hay once enunciados, incluido el ejemplo. Seleccione siete. Marque las opciones elegidas en la **Hoja de respuestas**.

A continuación, va a oír un ejemplo:

La opción correcta es la letra G. Llaman del taller porque ya pueden pasar a recoger el coche.

Ahora tiene 45 segundos para leer los enunciados.

ENUNCIADOS

A. Hay un cambio de día.

B. Va a llegar tarde a cenar.

C. No pueden viajar.

D. Un día por semana el precio de la película es más barato.

E. Tiene que hacer la compra.

F. Está prohibido usar cámara.

G. El coche ya está reparado.

H. Tienen que esperar media hora.

I. Ya ha comprado las entradas.

J. No cierran al mediodía.

K. La reunión es más tarde.

	MENSAJES	ENUNCIADOS
0.	Mensaje 0	G
19.	Mensaje 1	
20.	Mensaje 2	
21.	Mensaje 3	
22.	Mensaje 4	
23.	Mensaje 5	
24.	Mensaje 6	
25.	Mensaje 7	

Tarea 1
Instrucciones

Una amiga le ha escrito un correo electrónico para invitarle a una fiesta.

Para: amigas@difu.com
Asunto: Fiesta en mi casa

¡Hola!

¿Qué tal estás? Hace mucho tiempo que no hablamos. Yo estoy muy contenta porque tengo un nuevo trabajo. El próximo fin de semana voy a organizar una fiesta en mi casa para celebrarlo. ¿Quieres venir?

Un abrazo,

Sofía

Conteste a su amiga.
En el correo tiene que:

- saludar;
- felicitarla por su nuevo trabajo;
- disculparse por no poder ir y explicar por qué;
- proponer un plan para otro día;
- despedirse.

Número de palabras recomendadas: entre 60 y 70.

Tarea 2
Instrucciones

Elija solo una de las dos opciones. En cada opción tiene que tratar todos los puntos.

OPCIÓN 1

Escriba un texto sobre sus últimas vacaciones. Hable de:

- a dónde viajó y con quién;
- cuánto tiempo duró el viaje y qué actividades hizo;
- dónde se alojó;
- qué tiempo hacía y cómo era el lugar;
- qué fue lo que más le gustó y por qué.

OPCIÓN 2

Guillermo ha cambiado mucho con los años y también sus aficiones. Aquí tiene algunas fotos de él cuando era joven y ahora.

Usted debe escribir un texto sobre Guillermo, y decir:

- cómo era Guillermo cuando era joven;
- qué le gustaba hacer en su tiempo libre;
- cómo es ahora y por qué sus intereses han cambiado.

Guillermo cuando era joven

Guillermo actualmente

Sus aficiones antes

Sus aficiones ahora

Número de palabras recomendadas: entre 70 y 80.

Tarea 1. PRESENTACIÓN DE UN TEMA: MONÓLOGO

Instrucciones

Usted tiene que hablar durante **2 o 3 minutos** sobre la casa donde vivió cuando era niño/a. Hable de:

- qué tipo de vivienda era y dónde estaba;
- qué características tenía;
- cuánto tiempo vivió allí y con quién;
- cómo era su barrio;
- dónde vive ahora y cómo es su casa.

Tarea 2. DESCRIPCIÓN DE UNA FOTOGRAFÍA

Instrucciones

Usted tiene que describir la fotografía durante **2 o 3 minutos**. Usted debe hablar de:

- ¿Cómo son las personas de la foto (físico, personalidad que cree que tienen...)? ¿Qué ropa llevan?
- ¿Dónde están esas personas? ¿Qué objetos hay? Describa el lugar.
- ¿Qué están haciendo las personas de la foto?
- ¿Qué relación cree que hay entre ellas?
- ¿Qué cree que piensan, o cómo cree que se sienten, estas personas? ¿Por qué?
- ¿Qué cree que han hecho antes? ¿Y qué piensa que van a hacer después?

Tarea 3. DIÁLOGO EN UNA SITUACIÓN IMAGINARIA

Instrucciones

El director general de su empresa va a jubilarse. Usted y un/a compañero/a de trabajo van a organizarle una cena de despedida. El/la examinador/a es su compañero/a. Hable con él durante **3 o 4 minutos** siguiendo estas indicaciones.

CANDIDATO/A

Durante la conversación, tiene que:

- decidir dónde y cuándo va a ser la cena;
- elegir el menú;
- pensar qué regalo le pueden hacer al director general;
- pensar qué hacer después de la cena.

Ejemplo de preguntas que puede hacer el/la examinador/a en la Tarea 3:

Esquema para la interacción

Saludar	-Hola, ¿cómo estás? -Dentro de un mes se jubila el director general...
Proponer la cena	-¿Qué te parece si le organizamos una cena de despedida?
Dónde y cuándo	-¿Qué día te parece mejor para hacer la cena? ¿Y a qué hora? ¿Por qué? -¿Conoces un buen restaurante? ¿Quién hace la reserva?
Elegir el menú	-¿Qué tipo de menú elegimos? ¿Carne, pescado...? -¿Encargamos una tarta?
Hacer un regalo	-¿Qué podemos regalarle? ¿Un buen vino?
Después de la cena	-¿Qué podemos hacer después de la cena? ¿Vamos a una discoteca o a un karaoke?
Despedirse	- ¿Nos falta pensar alguna otra cosa? ¿El qué? - De acuerdo, hasta luego.

PRUEBA 1: COMPRENSIÓN LECTORA

TAREA 1

1. a **4.** b
2. b **5.** b
3. c

TAREA 2

6. b **10.** a
7. a **11.** b
8. a **12.** c
9. c **13.** b

TAREA 3

14. b **17.** a
15. a **18.** c
16. c **19.** b

TAREA 4

20. b **23.** c
21. a **24.** c
22. b **25.** b

PRUEBA 2. COMPRENSIÓN AUDITIVA

TAREA 1

1. b **4.** c
2. b **5.** a
3. a **6.** b

TAREA 2

7. b **10.** a
8. a **11.** b
9. c **12.** c

TAREA 3

13. c **16.** c
14. b **17.** b
15. a **18.** a

TAREA 4

19. c **23.** h
20. e **24.** d
21. f **25.** j
22. a

DIPLOMA DE ESPAÑOL COMO LENGUA EXTRANJERA

Indicaciones sobre los exámenes DELE

En la página web del Instituto Cervantes diplomas.cervantes.es encontrará toda la información relativa al Examen DELE Nivel B1: inscripciones, fechas de las convocatorias, formato de las pruebas, modelos de examen, precios y hojas de inscripción, etc. así como información sobre el resto de los niveles.

Hoja de respuestas

En el examen del DELE usted tendrá una **Hoja de respuestas** para que anote sus opciones para la prueba de Comprensión de lectura y para la prueba de Comprensión auditiva y para que haga las tareas de la prueba de Expresión e interacción escritas.

Estructura y contenido del examen DELE Nivel B1

PRUEBA N.° 1 COMPRENSIÓN DE LECTURA (30 preguntas, 70 minutos)

TAREA 1: Seis ítems para relacionar con textos breves.
TAREA 2: Seis ítems de selección múltiple con 3 opciones de respuesta.
TAREA 3: Seis ítems para relacionar con textos breves.
TAREA 4: Seis ítems que se corresponden a 6 fragmentos extraídos de un texto.
TAREA 5: Seis ítems a elegir entre tres opciones.

PRUEBA N° 2 COMPRENSIÓN AUDITIVA (30 preguntas, 40 minutos)

TAREA 1: Seis ítems con 3 opciones de respuesta sobre 6 mensajes breves.
TAREA 2: Seis ítems con 3 opciones de respuesta sobre un monólogo de extensión larga.
TAREA 3: Seis ítems con 3 opciones de respuesta sobre un texto informativo.
TAREA 4: Seis ítems sobre 9 monólogos o conversaciones breves.
TAREA 5: Seis ítems a elegir entre 3 opciones sobre conversaciones entre dos personas.

PRUEBA N° 3 EXPRESIÓN E INTERACCIÓN ESCRITAS (60 minutos)

TAREA 1: Redactar un texto informativo sencillo (100 – 120 palabras) a partir de la lectura de un texto breve.
TAREA 2: Redactar un texto descriptivo o narrativo (130 – 150 palabras) expresando opinión y aportando información de interés personal. Se ofrecen dos opciones, de las que hay que elegir una.

PRUEBA N° 4 EXPRESIÓN E INTERACCIÓN ORALES (15 minutos*)

TAREA 1: Presentación de un tema preparado. Monólogo breve (2–3 m.) Se ofrecen dos opciones, de las que hay que elegir una para preparar.
TAREA 2: Conversación con el/la entrevistador/a a partir de la Tarea 1 (3–4 m.).
TAREA 3: Presentación de una imagen y posterior conversación con el/la entrevistador/a (2-3 m.) Se ofrecen dos opciones, de las que hay que elegir una que no se prepara.
TAREA 4: Conversación con el/la examinador/a para simular una situación cotidiana, a partir de la fotografía de la Tarea 3 (2-3 m.).

*Para las tareas 1 y 2, usted dispone de 15 minutos de preparación.

Tarea 1
Instrucciones

Usted va a leer lo que dicen seis personas sobre sus trabajos y aficiones y diez textos que informan sobre diferentes App que ofrecen determinada información o servicios que pueden ser útiles para cada una de las seis personas. Relacione a las personas (1 – 6) con los textos (A – J). Hay tres textos que no debe seleccionar. Marque las opciones elegidas en la **Hoja de respuestas.**

	PERSONA	TEXTO
0.	ALICIA	J
1.	ALBERTO	
2.	VANESA	
3.	JOSÉ LUIS	
4.	NAZARET	
5.	ALEJANDRO	
6.	CARMEN	

0

ALICIA

Aunque me gustan los transportes públicos, por mi trabajo, necesito tener coche propio. Soy representante y tengo que visitar muchos clientes y empresas. Me acabo de comprar un vehículo eléctrico y estoy contentísima.

1

ALBERTO

En el colegio donde trabajo le damos mucha importancia a las salidas escolares, especialmente, a entornos naturales y las relacionadas con los animales. Justo en este momento estamos programando las excursiones del nuevo semestre.

2

VANESA

En casa hay música por todas partes. Doy clases particulares de violín y mis hijos tocan el piano. Los fines de semana nos gusta desconectar leyendo un buen libro.

3

JOSÉ LUIS

Vivo en la ciudad, pero trabajo en la agricultura, en el campo. Por eso, cuando me levanto, lo primero que hago es ver el pronóstico del tiempo.

4

NAZARET

Soy fisioterapeuta y trabajo en una residencia de la tercera edad ofreciendo sesiones de rehabilitación postoperatoria. Por la tarde sigo mi plan de preparación para la media maratón de primavera y... ¡sin entrenador!

5

ALEJANDRO

Llevo en paro un tiempo y no es fácil, con dos hijos... Bueno, menos mal que Alicia, mi mujer, tiene trabajo. Yo cuido a los niños y la casa. Lo que no me gusta es hacer la compra, ¡me parece todo muy caro!

6

CARMEN

Trabajo como conductora de metro. Al contrario de lo que la gente piensa no es un trabajo aburrido. En mi tiempo libre, me encanta ver una buena película o serie.

LAS MEJORES APP DEL MES

A

FLIXTIME

Desde tu televisor, ordenador o smartphone. No es necesario estar conectado a internet para ver tu serie favorita o esa película que tanto deseas. Renovamos nuestro catálogo periódicamente para que puedas disfrutar de un contenido variado y actualizado. Tres primeros meses gratis.

B

AFINIDADES

¿Quieres chatear y compartir tus experiencias con los demás? Uso muy fácil e intuitivo. Localiza a personas que pueden ser muy afines a ti y que se encuentran muy cerca de donde tú estás. Importa directamente tus fotos de Facebook. Úsala varios días gratis y después decide por ti mismo/a.

C

¿Y MAÑANA?

Fácil de instalar. Solo para Android. La mejor información meteorológica que el sector agrícola precisa. Introduce tu posición y recibirás en tiempo real todos los datos relacionados con el tiempo atmósferico de la zona: temperatura, previsión de lluvia, heladas, etc. Planifica tu trabajo con ¿Y MAÑANA?

D

MUNDONATURAL

Toda la información sobre parques naturales, zoológicos y reservas de interés medioambiental. Ofrece calendario de actividades totalmente actualizado y diferenciado por edades y ciclos formativos. Especialmente recomendable para colegios y asociaciones de diferente índole. Con material y asesoramiento pedagógico extra si se utiliza la versión de pago.

E

JARDINPLANTA

Pequeños trucos para cuidar tus plantas y jardín. Información concreta sobre las características de cada estación de año. Consejos de decoración. Sección especial sobre plantas curativas y medicinales. Quizás puedas tener en tu propio balcón un poco de menta, lavanda o albahaca ¡Descárgate ya JARDINPLANTA!

F

MICOMPRA

Escribe la lista de la compra en MICOMPRA. Esta App localiza los supermercados más cercanos a tu hogar, compara el precio de los productos y te comunica de las ofertas más interesantes ¡Si eliges bien tu supermercado, según la Organización de Consumidores y Usuarios, al año puedes ahorrarte hasta 3.000 euros!

G

LECTURAEXPRES

Las últimas novedades del mercado editorial se pueden encontrar en esta App recomendada para todos los públicos. Contestando un pequeño cuestionario, la aplicación te dirige hacia 5 reseñas de publicaciones recientes. También ofrece posibilidad de descargar libros para tu e-reader (versión Premium).

H

NATURA.CO2.LABORA

App desarrollada por un equipo de estudiantes de la Universidad de Ciencias Medioambientales. Ayuda a disminuir las emisiones de CO2 con acciones sencillas pero eficaces. Rellena un formulario sobre tus consumos de kilovatios, gasolina, gas, basura generada y reciclada, y... ¡a colaborar! Sabrás cómo ayudar al planeta.

I

OBJETIVORUNNING

Configúrate tu objetivo para que tu entrenamiento sea más efectivo. Ofrece consejos virtuales durante el ejercicio. Registro de los progresos a través de gráficas y analiza y monitoriza todas las actividades. Además, puedes compartir tus datos con la comunidad OBJETIVORUNNING ¡Tú puedes!

J

ECOCARGA

Pensada para aquellos que han dejado de utilizar coches diésel o de gasolina. Podrá localizar los puntos de carga para su vehículo. Cálculo de rutas recomendables y estimación de la duración del viaje según el modelo de vehículo. Gratuita con el seguro a todo riesgo. Actualizaciones automáticas en la versión Premium. También información de Portugal y Francia.

Tarea 2

Instrucciones

Usted va a leer un texto sobre la vida de Ramón Areces, el fundador de la empresa El Corte Inglés. Después, debe contestar a las preguntas (7 – 12). Seleccione la respuesta correcta (A, B, C). Marque las opciones elegidas en la **Hoja de respuestas**.

EL CORTE INGLÉS, OCHO DÉCADAS DE COMERCIO EN ESPAÑA

Ramón Areces Rodríguez nació en La Mata, Asturias en 1904. Debido a la precaria economía familiar, decidió con 15 años emigrar a Cuba. Allí, en la capital, empezó a trabajar de aprendiz en los almacenes El Encanto donde su tío César Rodríguez era gerente. Para mejorar las relaciones comerciales de la empresa y conocer el mercado, viajó con su tío por EE. UU. y Canadá. En La Habana coincidió con Pepín Fernández, también pariente suyo, que posteriormente se convertiría en su gran rival en los negocios.

En 1935 Ramón se instaló en Madrid y aceptó la oferta de Pepín Fernández de hacerse cargo de una pequeña tienda de confección infantil, llamada El Corte Inglés, situada en la calle Preciados. Aunque fueron momentos muy difíciles debido a la Guerra Civil (1936 – 1939), el negocio se mantuvo. Mientras tanto Fernández se dedicaba a realizar su proyecto empresarial, Galerías Preciados, adquiriendo diferentes tiendas y locales de la zona. En 1939 Areces compró una finca también en la calle Preciados con la que dio comienzo una nueva fase. En 1940 y gracias al apoyo económico de su tío César crearon juntos la sociedad limitada El Corte Inglés. Así, en la misma calle, Areces y Fernández se reencontraron como rivales de dos proyectos empresariales: Galerías Preciados y El Corte Inglés. Ambos utilizaron los recursos aprendidos en La Habana y desarrollaron los modelos anglosajones de grandes almacenes.

En los años 60, con Areces al frente, se recrudece la batalla con Galerías Preciados. Areces necesitaba innovar una estrategia diferente a la de su competidor y decidió impregnar de lujo la imagen de El Corte Inglés. Si Galerías Preciados significaba venta masiva y gran oferta, El Corte Inglés se concentraba en una atención personalizada y en la calidad de los productos. Este trabajo tuvo su recompensa y comenzó la expansión fuera de Madrid con la inauguración de los centros de Barcelona, Sevilla y Bilbao. En 1966 y tras la muerte de su tío César, Areces se convirtió en presidente de la compañía.

En 1973 enfermó y delegó sus funciones en su sobrino Isidoro Álvarez. Tres años más tarde se creó la Fundación Ramón Areces con el objetivo de fomentar la investigación científica y técnica, así como la educación y la cultura en general.

Areces falleció en 1989.Su sucesor, Isidoro Álvarez, fue el responsable de la compra de Galerías Preciados en 1995. Actualmente el grupo cuenta con grandes almacenes (más de 90 establecimientos en la Península Ibérica) hipermercados, seguros, agencias de viajes y ópticas, entre otros negocios.

Texto adaptado de dbe.rah.es

7. Según el texto, Ramón Areces...
a) fundó una tienda en La Habana.
b) trabajó en Cuba con un familiar suyo.
c) abrió un negocio en Canadá.

8. Ramón Areces en Madrid, al principio...
a) tuvo que cerrar el negocio por la Guerra Civil.
b) colaboró en el desarrollo de Galerías Preciados.
c) tenía el mismo modelo de negocio que Pepín Fernández.

9. El Corte Inglés utilizó como estrategia comercial...
a) el lujo y una relación más cercana con los clientes.
b) la venta masiva de productos.
c) ofertas y rebajas.

10. El primer presidente del Corte Inglés fue...
a) César Rodríguez.
b) Pepín Fernández.
c) Ramón Areces.

11. A mediados de los años 70 nació...
a) el centro de El Corte Inglés de Barcelona.
b) una institución para promover, entre otras cosas, la ciencia y la cultura.
c) Isidoro Rodríguez, el sobrino de Areces.

12. Según el texto, con Isidoro Rodríguez, El Corte Inglés...
a) compite hasta hoy día con Galerías Preciados.
b) inaugura un centro en Bilbao.
c) se expande mucho en España y Portugal.

Tarea 3
Instrucciones

Usted va a leer tres textos en los que se habla de la trayectoria académica y profesional de determinadas personas en diferentes áreas. Relacione las preguntas (13 – 18) con los textos (A, B o C) Marque las opciones elegidas en la **Hoja de respuestas.**

PREGUNTAS

	ENUNCIADOS	A. JAVIER	B. DAFNE	C. PAULA
13	¿Qué persona habla sobre sus aficiones?			
14	¿Qué persona habla de un docente que tuvo?			
15	¿Quién ejerce dos profesiones?			
16	¿Qué persona fue a un colegio o escuela con un método especial?			
17	¿Quién llevó la bandera de su país en un acto?			
18	¿Qué persona comenta que tuvo que hablar en público?			

Javier Tamayo

Javier es disléxico y acaba de ganar un premio de Física muy prestigioso de España. Con 12 años le aconsejaron dejar de estudiar. Su historia escolar es la historia de un fracaso, con problemas emocionales y de autoestima que le acompañarán durante toda su vida, pero también hubo personas que creyeron en él. Así, en el discurso que hizo cuando le entregaron el premio, en el momento de los agradecimientos dijo: "A mi profesor de Física que, con 15 años, cambió mi trayectoria de fracaso convirtiéndome en un estudiante de Física. Gracias". El equipo en el que trabaja ha desarrollado un método para detectar de forma temprana el cáncer. Además, esta técnica ya la está desarrollando una empresa tecnológica.

Dafne Almazán

Es mexicana y con 13 años de edad se convirtió en la psicóloga más joven del mundo, comenzando a estudiar con 17 un posgrado en la Universidad de Harvard. Bueno, dicen que es una superdotada. Se cree que normalmente a los niños superdotados se les diagnostica mal y son poco comprendidos. Mucha gente piensa que estos niños pasan mucho tiempo sin salir, en cambio, Dafne estudiaba claro, pero también jugaba, aprendió a tocar instrumentos, paseaba a sus perros... Y afirma: "[...] he tenido la fortuna de nacer en una familia donde pude recibir el apoyo de mi padre y de participar en un modelo educativo desarrollado especialmente para este tipo de niños [...]".

Paula Belén Pareto

Es una yudoca argentina. Campeona del mundo en 2015 y ganadora de una medalla de bronce en los Juegos Olímpicos de Pekín 2008 y de una medalla de oro en los Juegos Olímpicos de Río de Janeiro 2016, en cuya ceremonia de clausura fue elegida abanderada. En Río se convirtió en la primera mujer argentina en ser campeona olímpica y la primera deportista argentina que ganó dos medallas olímpicas en disciplinas individuales. La "Peque", ha llegado a ser una atleta de élite mientras cursaba exitosamente la carrera de medicina y actualmente ejerce su especialidad, traumatología, en el Hospital de San Isidro. Su historia es un ejemplo de que con pasión y esfuerzo todo es posible: "lo importante es disfrutar del camino, del proceso, luego el resultado es una consecuencia del trabajo previo".

Tarea 4
Instrucciones

Lea el siguiente texto, del que se han extraído seis fragmentos. A continuación, lea los ocho fragmentos propuestos (A – H) y decida en qué lugar del texto (19 – 24) hay que colocar cada uno de ellos. Hay dos fragmentos que no tiene que elegir. Marque las opciones elegidas en la **Hoja de respuestas**.

biografias.difu

Los Objetivos de Desarrollo Sostenible (ODS)

Los dirigentes mundiales aprobaron, en la cumbre histórica de las Naciones Unidas celebrada en 2015, los 17 Objetivos de Desarrollo Sostenible (ODS) de la Agenda 2030, entrando en vigor oficialmente el 1 de enero de 2016. **(19)** .... A diferencia de los ODM que se dirigían solo a los países pobres, los nuevos objetivos piden a todas las naciones, tanto ricas como pobres, que adopten medidas para promover la prosperidad. Reconocen que las iniciativas para poner fin a la pobreza tienen que estar coordinadas no solo con estrategias que favorezcan el crecimiento económico sino que también deben considerarse las necesidades sociales, como la educación, la salud, la protección social y el empleo. **(20)** ....

Con estos nuevos Objetivos de aplicación universal, los países en los próximos 15 años intensificarán los esfuerzos para combatir la pobreza, reducir la desigualdad y luchar contra el cambio climático "Erradicar la pobreza está en el corazón de la Agenda 2030, y también lo está el compromiso de no dejar a nadie atrás", dijo Achim Steiner, Administrador del Programa de las Naciones Unidas para el Desarrollo. A pesar de que los ODS no son jurídicamente obligatorios, se espera que los gobiernos de las diferentes naciones los adopten como propios y trabajen en sus marcos nacionales para su consecución. **(21)** .... En España el Alto Comisionado para la Agenda 2030 es el organismo encargado de la coordinación de actuaciones para el cumplimiento de los ODS. En este sentido, el Ministerio de Asuntos Exteriores y Cooperación colabora con el organismo antes mencionado.

(22) .... Las empresas deben dirigir sus esfuerzos y sus políticas de sostenibilidad, definiendo y estableciendo sus propias metas considerando estos objetivos. En este sentido es interesante por ejemplo mencionar el proyecto "SDG Compas" desarrollado en Uruguay. **(23)** .... Ana Muro, especialista argentina en sostenibilidad, afirma que es importante desde una perspectiva empresarial entender las implicaciones de los ODS a través de cuatro aspectos: necesidad de actuar (no hacer nada es una opción costosa para la empresa), posibilidad de encontrar nuevas oportunidades, la importancia de la transparencia e información en la dirección (cuanto mejor se esté informado, mejores decisiones se toman) y la necesidad de la colaboración. Según afirma Jorge Ginel (gerente general de Unilever Uruguay), dirigir la estrategia empresarial hacia la sostenibilidad es bueno para los negocios. Además, los resultados hablan. **(24)** ....

Texto adaptado de *Los objetivos de desarrollo sostenible y su importancia para las empresas* en adpugh.org.uy

A Y por supuesto sin olvidar, además, la lucha contra el cambio climático y la protección del medio ambiente.

B También el sector privado debe tener en cuenta los ODS.

C Cada país tendrá la responsabilidad de llevar a cabo el seguimiento y examen de los progresos conseguidos.

D En los últimos años, los productos que más han crecido son aquellos que han estado orientados hacia la sostenibilidad.

E Mejorar el acceso a la tecnología y los conocimientos es una forma importante de intercambiar ideas y propiciar la innovación.

F Los ODS aprovechan el éxito de los Objetivos de Desarrollo del Milenio (ODM, 2000 - 2015) y tratan de seguir luchando contra la pobreza en todas sus formas.

G No hay país en el mundo que no haya experimentado los dramáticos efectos del cambio climático.

H Esta iniciativa latinoamericana permite a las empresas comprender la conexión negocio empresarial – ODS.

Tarea 5
Instrucciones

Lea el siguiente correo electrónico donde la presidenta de una comunidad de vecinos informa a los vecinos sobre algunos aspectos de interés para todos. Rellene los huecos (25 – 30) con la opción correcta (A, B o C). Marque las opciones elegidas en la **Hoja de respuestas**.

Para: comunidad.vecinos@difu.com

Asunto: reunión 8 de febrero

A la comunidad de vecinos:

Me dirijo a los vecinos de nuestra urbanización, en especial a aquellos que no **(25)** .... asistir a la última reunión que se celebró el pasado viernes 8 de febrero. Como seguro que ya saben, se trataron temas que nos afectan a todos y sobre los que urge tomar decisiones. Por ese motivo, **(26)** .... ruego que lean detenidamente el protocolo de la reunión que en los próximos días **(27)** .... en su buzón. Les recuerdo que disponen de 10 días para hacer sugerencias.

Aprovecho **(28)** .... recordarles algunas normas de convivencia de nuestra comunidad que según determinados vecinos no se están respetando últimamente. Así, en relación al uso del jardín, se recuerda que está prohibido jugar al fútbol o practicar cualquier deporte. Algunos propietarios se han quejado del mal estado de los árboles y del césped. Con respecto al horario para tirar la basura en los contenedores de la calle, es importante que se **(29)** .... la norma del Ayuntamiento: de lunes a viernes de 6 a 10 de la mañana.

Para cualquier pregunta, pueden contactar conmigo también personalmente (1° A).

(30) ....

Elena Ortiz Hidalgo (presidenta de la comunidad de vecinos)

OPCIONES

25.
a) pudieron
b) podían
c) puedan

26.
a) la
b) les
c) lo

27.
a) recibían
b) recibieron
c) recibirán

28.
a) para
b) por
c) de

29.
a) respetaría
b) respeta
c) respete

30.
a) ¡Nos vemos!
b) Un abrazo
c) Atentamente

Tarea 1

24

Instrucciones

Usted va a escuchar seis mensajes. Escuchará cada mensaje dos veces. Después debe contestar a las preguntas de la 1 a la 6. Seleccione la opción correcta A, B o C. Marque las opciones elegidas en la **Hoja de respuestas**. Tiene 30 segundos para leer las preguntas.

Mensaje 1

1. ¿Qué tiene que hacer mañana Pilar?

a) Repasar las últimas lecciones de matemáticas.
b) Ir al dentista.
c) Ver una oferta de un curso de esquí.

Mensaje 2

2. ¿Para qué llama Fernando a Juan?

a) Para que Juan pregunte al vecino si tiene las llaves.
b) Para que Juan vea si las llaves están en su casa.
c) Para quedar con Juan para ir al cine.

Mensaje 3

3. La chica que llama...

a) no encuentra alojamiento en el hotel que conoce.
b) dice que hace buen tiempo.
c) tiene muy bien planeadas las vacaciones.

Mensaje 4

4. Mauricio le dice a Javier que...

a) ya es árbitro de fútbol.
b) la aplicación es muy buena.
c) está estudiando para una prueba.

Mensaje 5

5. ¿Qué les ha pasado a las hijas de la señora Salas?

a) Han olvidado ir a un ensayo.
b) Últimamente han bailado mucho y bien.
c) No han ido con regularidad a clase.

Mensaje 6

6. ¿Qué le piden de Teleplan a Isabel Ortega?

a) Que lleve la factura de la tableta.
b) Que les deje la tableta otros 4 días más.
c) Que compruebe si funciona la conexión a la red.

Tarea 2

25

Instrucciones

Usted va a escuchar a un joven español que vive en Uruguay. Escuchará la audición dos veces. Después debe contestar a las preguntas de la 7 a la 12. Seleccione la opción correcta A, B o C. Marque las opciones elegidas en la **Hoja de respuestas**. Tiene 30 segundos para leer las preguntas.

7. En la audición se habla de que en Uruguay los músicos callejeros...

a) no pueden actuar en la calle.
b) pueden tocar en los transportes públicos.
c) cuando actúan no reciben nada de dinero.

8. El joven español comenta que...

a) la gente no entiende por qué ha elegido Uruguay para vivir.
b) los uruguayos tienen una alta autoestima.
c) los políticos uruguayos no son respetuosos.

9. En la audición el joven español dice que...

a) tiene tres trabajos como profesor.
b) ayuda a emigrantes en una institución pública.
c) con su sueldo puede hacer algún viaje.

10. Según el joven español, para poder trabajar en Uruguay...

a) no hay muchos problemas administrativos.
b) es preciso tener un visado.
c) no es necesario tener un contrato de trabajo.

11. Según lo que se explica en la audición...

a) en Uruguay es muy difícil trabajar en el sector público.
b) las más grandes e importantes empresas uruguayas son privadas.
c) en la actualidad la situación ha empeorado para encontrar un puesto de trabajo.

12. El joven español dice que en Uruguay...

a) los científicos y profesores no tienen problemas para encontrar trabajo.
b) los arquitectos pueden desarrollar una buena carrera profesional.
c) los periodistas trabajan sobre todo para el Estado.

Tarea 3
26
Instrucciones

Usted va a escuchar seis noticias de un programa radiofónico argentino. Escuchará el programa dos veces. Después debe contestar a las preguntas (13 – 18) Seleccione la opción correcta A, B o C. Marque las opciones elegidas en la **Hoja de respuestas**.Tiene 30 segundos para leer las preguntas.

Noticia 1

13. El tenista argentino Juan Martín del Potro...
- a) no pudo jugar por una lesión.
- b) tuvo problemas con el público de Florida.
- c) ha ganado un partido.

Noticia 2

14. La Biblioteca Nacional Mariano Moreno...
- a) ofrecerá un curso sobre el carnaval.
- b) tiene menos cursos que otros años.
- c) organiza talleres siempre por la mañana.

Noticia 3

15. Según la noticia, en Buenos Aires...
- a) hará mucho calor el próximo fin de semana.
- b) por el calor, determinada población puede tener problemas.
- c) se han alcanzado temperaturas superiores a 41 grados.

Noticia 4

16. La Medalla Galileo Galilei es un premio ...
- a) que se entrega en Italia.
- b) con una larga tradición en Argentina.
- c) que se dio al físico Maldacena, actualmente profesor en Argentina.

Noticia 5

17. Con la crisis económica, en la región de Córdoba...
- a) hay menos turistas.
- b) no se celebra el carnaval.
- c) los turistas no gastan tanto dinero.

Noticia 6

18. Según la noticia, en la ciudad de Ushuaia...
- a) se va a mejorar un espacio público.
- b) han llegado inmigrantes al puerto.
- c) una empresa ha renovado la Plaza Cívica.

Tarea 4

27

Instrucciones

Usted va a escuchar a seis personas que hablan de su primer día de trabajo. Escuchará a cada persona dos veces. Seleccione el enunciado (A – J) que corresponde al tema del que habla cada persona (19 – 24). Hay diez enunciados incluido el ejemplo. Seleccione solamente seis. Marque las opciones elegidas en la **Hoja de respuestas**.

Ahora escuche el ejemplo: Persona 0.
La opción correcta es la **F**. Márquela en la Hoja de respuestas.

Tiene 20 segundos para leer los enunciados.

	ENUNCIADOS
A	Cuando era estudiante conoció la empresa.
B	Llegó tarde por un accidente.
C	Se dedicó a colocar ropa.
D	Conoció a su actual pareja.
E	Tuvo problemas técnicos.
F	Empezó a trabajar hace poco tiempo.
G	Se compró unos zapatos.
H	Estuvo sentado/a todo el día.
I	El lugar de trabajo estaba en el edificio de su casa.
J	Trabajó al aire libre.

	PERSONA	ENUNCIADO
0.	Persona 0	F
19.	Persona 1	
20.	Persona 2	
21.	Persona 3	
22.	Persona 4	
23.	Persona 5	
24.	Persona 6	

Tarea 5

28

Instrucciones

Usted va a escuchar una conversación entre dos amigos. Indique si los enunciados (25 – 30) se refieren a Adriana (A), a Sergio (B) o a ninguno de los dos (C). Escuchará la conversación dos veces. Marque las opciones elegidas en la **Hoja de respuestas**.

Ahora escuche el ejemplo:
La opción correcta es la **B**. Márquela en la Hoja de respuestas.

Tiene 25 segundos para leer los enunciados.

		A Adriana	B Sergio	C Ninguno de los dos
0.	Parece un poco cansado/a.		X	
25.	Le gusta la música.			
26.	Ha dejado de estudiar un idioma.			
27.	Está esperando una información importante.			
28.	Ha pagado una cuota para actuar.			
29.	Quiere comprarse una chaqueta vintage.			
30.	Pregunta por una persona.			

Tarea 1
Instrucciones

Usted está buscando en internet gente interesada en realizar salidas culturales por la ciudad en verano y ha encontrado el siguiente anuncio de un grupo.

pasarlobien.difu

CALLEJEAR Y MUCHO MÁS

¿En verano en la ciudad sin playa ni pueblo? ¡No te quedes en casa! Descubre los tesoros paseando por nuestras calles y plazas. Disfruta de la compañía de gente que como tú tiene curiosidad por la cultura, el arte o la historia. Reserva ya. Salidas todos los días. No olvides traer ropa cómoda porque haremos también algo de deporte en el parque. Cada semana cambiaremos de ruta y si lo deseas propón tu plan. Esperamos tu propuesta.

Escriba al grupo un correo electrónico. En él deberá:

a. presentarse y explicar por qué está interesado/a en la actividad del anuncio;
b. describir sus aficiones culturales de tiempo libre;
c. comentar su experiencia en actividades similares a la propuesta en el anuncio;
d. ofrecer una propuesta de ruta y justificar su preferencia;
e. despedirse.

Número de palabras: entre 100 y 120.

Tarea 2
Instrucciones

Elija solo una de las dos opciones que se le ofrecen a continuación:

OPCIÓN 1

Lea el siguiente mensaje publicado en una revista digital dedicada al turismo rural:

devacaciones.difu

En nuestra revista queremos conocer lo que los lectores opinan del turismo rural. Seguro que muchos de ustedes ya han pasado un fin de semana o unas cortas vacaciones en un pequeño pueblo o en una granja, lejos de la ciudad o de la playa. Compartan sus experiencias con nosotros.

Escriba un comentario a la revista en la que cuente:

a. por qué se decidieron por el turismo rural;
b. cómo conocieron ese destino rural;
c. adónde fueron y con quién estuvieron;
d. cómo se sintió usted en ese lugar.

Número de palabras: entre 130 y 150.

OPCIÓN 2

Lea la siguiente noticia publicada en una red social:

Amigos del barrio
Hace 2 horas

Desde la asociación "Amigos del barrio" estamos haciendo una encuesta sobre la calidad de vida en nuestro barrio ¿Qué servicios faltan cerca de tu casa? ¿Qué barrio queremos? ¿Qué propuestas puedes hacer para mejorar el día a día entre los vecinos? ¡Tu opinión nos importa mucho!

Me gusta | Comentar | Compartir

Redacte un texto para participar en esta encuesta en el que deberá:

a. presentarse como vecino del barrio;
b. decir cuáles son los servicios que el barrio necesita;
c. contar un problema que ha tenido porque no existían esos servicios;
d. proponer una mejora para el barrio.

Número de palabras: entre 130 y 150.

Tarea 1
PRESENTACIÓN ORAL
Instrucciones

A continuación, tiene un tema y unas instrucciones para realizar una exposición oral.
Tiene que hablar durante 2 o 3 minutos sobre este tema:

Las excursiones que hacía en la escuela cuando era pequeño/a:

- ¿Qué excursiones hacía en la escuela cuando era pequeño/a?
- ¿Le gustaban estas salidas?
- ¿Cómo iba a esos lugares? ¿Qué cosas necesitaba llevar normalmente para la excursión?
- Algo que pasó y que recuerda (una experiencia de una visita o excursión).
- ¿Qué recuerdos tiene de sus profesores/as en estas excursiones?
- ¿Qué piensa de esta actividad en la escuela? ¿Es interesante para aprender?

No olvide:
Diferenciar las partes de su exposición: introducción, desarrollo y conclusión.
Ordenar y relacionar bien las ideas.
Justificar sus opiniones y sentimientos.

Tarea 2
CONVERSACIÓN
Instrucciones

Cuando termine su exposición (tarea 1), deberá mantener una conversación durante 3 o 4 minutos con el/la examinador/a sobre el tema del que ha hablado en la tarea 1.

Ejemplos de preguntas del/ de la examinador/a:

- ¿Ha visitado recientemente los lugares que visitó en las excursiones de la escuela?
- ¿Cree que estas excursiones son importantes en la educación de los/as niños/as?
- ¿Qué excursión o salida propondría hacer en la actualidad en las escuelas?

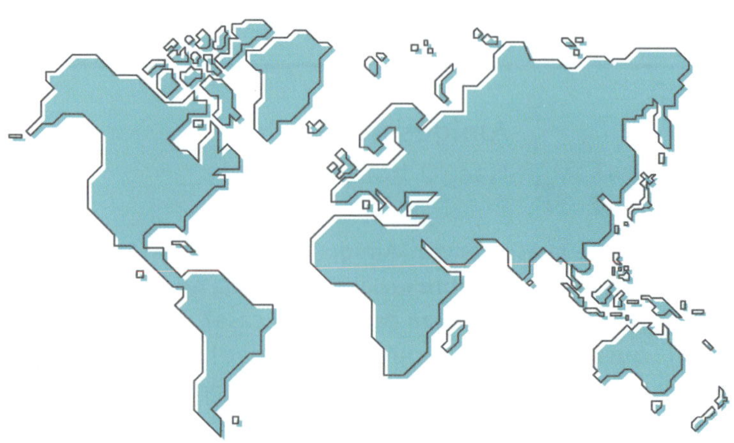

Tarea 3
DESCRIPCIÓN
Instrucciones

Le proponemos dos fotografías. Elija una de ellas y describa con detalle, durante 1 o 2 minutos, lo que ve en la foto y lo que imagina que está pasando.

FOTOGRAFÍA 1

Estos son algunos aspectos que puede comentar:

- Las personas: dónde están, cómo son, qué hacen.
- El lugar en el que se encuentran: cómo es.
- Los objetos: qué objetos hay, dónde están, cómo son.
- Qué relación cree que existe entre estas personas.
- ¿En qué cree que están pensando alguna de ellas?

A continuación, el/la entrevistador/a le hará unas preguntas (2 o 3 minutos).

Ejemplos de preguntas:

- La escena de la foto, ¿la ha vivido usted personalmente? / ¿Conoce usted algún lugar parecido al de la imagen?
- ¿Qué opina de los medios de transporte público?
- ¿Cómo es la calidad de los medios de transporte público que conoce? ¿Son caros?
- ¿Utiliza los medios de transporte público con frecuencia?
- ¿Crees que van a cambiar los medios de transporte en el futuro? ¿Por qué?

FOTOGRAFÍA 2

Estos son algunos aspectos que puede comentar:

- Las personas: dónde están, cómo son, qué hacen.
- El lugar en el que se encuentran: cómo es.
- Los objetos: qué objetos hay, dónde están, cómo son.
- Qué relación cree que existe entre estas personas.
- ¿En qué cree que están pensando alguna de ellas?

A continuación, el/la entrevistador/a le hará unas preguntas (2 o 3 minutos).

Ejemplos de preguntas:

- ¿Ha trabajado en algún lugar parecido al de la imagen?
- ¿Conoce usted algún lugar parecido al de la imagen?
- ¿Cómo es? ¿Cómo cree que es el trabajo en un lugar así?
- ¿Le gustaría trabajar en un espacio coworking? ¿Por qué? ¿Por qué no?
- ¿De qué le gustaría trabajar en el futuro?

Tarea 4
SITUACIÓN SIMULADA
Instrucciones

Usted debe dialogar con el/la entrevistador/a en una situación simulada durante 2 o 3 minutos.

Ejemplo de situación:

Usted visita con sus amigos por primera vez una ciudad y quiere tomar el autobús. Hable de los siguientes temas con el/la empleado/a de la oficina de información de transporte público:

- Pregúntele el precio de un billete simple.
- Pregúntele si hay reducción, descuento o un billete más barato.
- Usted quiere ir a la zona norte de la ciudad. Pregúntele qué línea tiene que tomar, cuánto dura el trayecto y cómo se llama la parada en la que debe bajar.
- Pregúntele si existe una aplicación para móviles de la red de transporte público de la ciudad.

Ejemplos de preguntas del entrevistador:

- Buenos días. ¿En qué puedo ayudarle?
- ¿Cuándo quiere ir y sobre qué hora?
- ¿Prefiere evitar cambios en el trayecto?

PRUEBA 1 COMPRENSIÓN LECTORA

TAREA 1

1. D **4.** I
2. G **5.** F
3. C **6.** A

TAREA 2

7. b **10.** a
8. c **11.** b
9. a **12.** c

TAREA 3

13. B **16.** B
14. A **17.** C
15. C **18.** A

Tarea 4

19. F **22.** B
20. A **23.** H
21. C **24.** D

TAREA 5

25. a **28.** a
26. b **29.** c
27. c **30.** c

PRUEBA 2 COMPRENSIÓN AUDITIVA

TAREA 1

1. b **4.** c
2. b **5.** c
3. a **6.** a

TAREA 2

7. b **10.** a
8. a **11.** c
9. c **12.** a

TAREA 3

13. c **16.** a
14. b **17.** c
15. b **18.** a

TAREA 4

19. C **22.** J
20. I **23.** E
21. A **24.** D

TAREA 5

25. A **28.** C
26. B **29.** C
27. A **30.** B

notas